KB006753

자유놀이의 시작은

✧ ✧ ✧

"사람은 사람이라는 단어의 완전한 의미로

사람일 수 있을 때만 놀이를 하며,

또한 놀이를 할 때만 완전한 사람이 된다."

― 프리드리히 실러

자유놀이의 시작

엠미 피클러 보육학 시리즈 ⑤

Judith Falk und Maria Vinczé
Abschied von der Windel
Die Kontrolle der Schließmuskeln und die Entwicklung des kindlichen Selbstbewusstseins

프랑스어 발행본의 2014년 독일어 제2판을 한국어로 옮김

1판 1쇄 발행 2022년 5월 5일

지은이 에바 칼로Éva Kálló, 지요르기 벌로그Gyorgyi Balog
옮긴이 박성원

발행인 이정희
발행처 한국인지학출판사 www.steinercenter.org
주 소 04090 서울특별시 마포구 독막로 230 우리빌딩 2층 · 6층
전 화 02-832-0523
팩 스 02-832-0526

기획제작 씽크스마트 02-323-5609

ISBN 979-11-968748-7-2 (03370)

잘못된 책은 구입한 서점에서 바꿔 드립니다.

이 책은 사단법인 한국슈타이너인지학센터가 헝가리 피클러 연구소와 독일 베를린 소재 Pikler Gesellschaft Berlin의 허락을 받아 2014년 제2판을 번역, 출간한 것입니다.

이 책의 내용, 디자인, 사진, 편집 구성 등의 전체 또는 일부분을 사용할 때는 발행처의 서면으로 된 동의서가 필요합니다.

• 본문 사진 : 마리안 라이스만Marian Reismann

후원계좌 | 신한은행 140-009-321956 사)한국슈타이너인지학센터

자유놀이 의 시작

에바 칼로 • 지요르기 벌로그 지음, 박성원 옮김

🌀한국인지학출판사
KOREA ANTHROPOSOPHY PUBLISHING

발행인의 말

✿ 1902년 스웨덴 국회 연설에서 엘렌 케이Ellen Key는 정치·사회·문화의 쇄신을 위한 새 교육을 역설했습니다. "아동의 세기"를 열기 위해 그는 구시대의 강압적이고 획일화된 교육 대신 "아동 중심의 교육, 아이 스스로의 성장"을 지향했고, 이런 열망은 서구에서 다양한 교육 개혁의 물결을 만들어 냈습니다. 새롭게 제시된 교육 방법들은 "아이로부터 출발해야 한다"는 명제를 실천하려는 것이었지만, 결국 경제 및 기술 문명의 발달과 맞물려 국가경쟁력을 높이는 도구가 되었습니다. 각 나라의 교육은 창의성과 인성을 갖춘 '인적 자원'을 더 많이 양성하는 데 초점을 맞추어 아이들의 빠른 성장을 부추기고 있습니다. 게다가 물질적으로 풍요로운 이 시대의 아이들은 발달을 촉진하는 갖가지 놀잇감과 교육 프로그램 때문에 또 다른 어려움을 겪고 있습니다.

우리나라의 상황 역시 예외가 아닙니다.

20세기의 세계적인 경쟁 교육이 빚어낸 모순들에 더하여, 21세기에는 디지털 미디어 세대를 위한 다양한 영유아 프로그램이 등장하여 아이들의 성장을 더욱 어렵게 만들고 있습니다. 출생률이 점점 낮아지고 있는 우리 현실에서 새 생명의 탄생은 집안의 드문 경사가 되었고, 주변 어른들은 아기에 대한 사랑을 자연스럽게 물질로 표시합니다. 금지옥엽의 출산 축하용으로 건네는 편리한 각종 육아용품들과 월령별, 연령별 장난감 세트와 놀이 도구들이 집집마다 넘쳐납니다.

- 아이를 중심에 둔 교육이란 과연 무엇일까요?
- 자립심과 자존감, 집중력과 문제 해결 능력, 그리고 사회성은 어떻게 만들어지나요?
- 창의성과 인성 발달은 언제부터 시작될까요?
- 4차 산업혁명 시대의 이른바 "창의융합형 인재" 형성은 언제부터 시작될까요?

부모와 교육자는 무엇보다 아이의 본질과 발달 단계를 깊이 파악해야 합니다. 세상에 태어난 아이가 성장하려면 맨 먼저 자신의 몸과 생활 환경에 적응해야 합니다. 이때 가장 중요한 것은 아이가 주변 환경은 물론이고 일상의 다양한 사물과 익숙해지고 양육자와 긴밀한 애착관계를 갖는 일입니다. 세상과의 관계가 안정적으로 이루어져야 그

것을 토대로 아이는 아동기와 청년기의 배움을 적극적으로 이어갈 수 있습니다. 4차 산업혁명 시대에 맞는 미래 교육은 아이들에게 지식을 넣어 주는 것이 아니라 아이마다 다르게 들어 있는 것을 끌어낼 수 있어야 합니다.

이제 우리는 가정과 영유아 교육 및 보육 현장에 스며 있는 경쟁 심리를 세밀히 들여다봐야 합니다. 아이의 보편적인 발달, 그리고 저마다 다른 개인적인 발달의 속도와는 무관하게 아이의 의식을 서둘러 일깨우고 외부에서 정한 '표준' 발달 기준에 따라 성장을 부추기는 '교육적' 요소들을 가려낼 필요가 있습니다. 아이 발달을 '위해' 어른 입장에서 제공하는 색다른 장난감, 잘 꾸며 주는 환경, 신체 발달을 위한 식생활, 심지어 다른 아이들과 비교하여 적절해 보이는 시기를 정하여 시도하는 대소변 훈련이 아이의 성격 형성과 사회성 발달에 부정적 영향을 미치기 때문입니다.

한국슈타이너인지학센터가 발간하는 〈엠미 피클러 보육학 시리즈〉에 담긴 사례들은 우리가 가정과 현장에서 모범으로 삼기에 유익한 자료입니다. 특히 자율적인 성장을 지향하는 존중과 공감의 육아 방법, 어른이 아이와 함께 "놀아 주는 것"이 어린아이의 움직임 발달에 미치는 영향, 나아가 2022년 도입한 제4차 보육과정의 "영아 중심, 놀이 중심, 교사의 놀이 지원" 원칙을 영아 현장에서 구체적으로 실천하는 방법과 이를 위한 놀이 관찰 방법 등을 안내하는 시리즈입니다.

《발도르프 육아예술》 저자,
한국슈타이너인지학센터 대표
이정희

"

안나 터르도시, 유디트 팔크 박사,

비르기트 크로머, 헬무트 브뢰커,

일디코 라크너, 페터 루트비히를 비롯하여

이 책의 발행에 도움을 주신 모든 분께

진심으로 감사드립니다.

"

 **차례**

머리말

✧ 1983년에 베를린에 머물고 있던 엠미 피클러를 알게 된 것은 아이들에 대한 나의 관점이 크게 달라지는 계기가 되었다. 엠미 피클러는 당시 내가 책임자로 있던 어린이집의 영아반("크리페Krippe")을 방문했다. 우리는 엠미 피클러가 보육교사들의 활동과 이를 통해 간접적으로 나의 활동까지를 어떻게 평가할지 긴장감 속에서 지켜보았다.

엠미 피클러가 우리 어린이집을 방문할 당시는 모든 방면에서 전통적 형태의 교육학에 대해 비판적인 시각을 갖고 논쟁을 벌이던 시기였다. 이런 상황에서 우리 어린이집의 보육교사들은 영아를 위한 발달 촉진 프로그램과 학습 내용을 개발해야 한다는 압박감을 느끼고 있었다. 우리는 어른들이 고안해 낸 갖가지 활동을 통해 아이들을 놀이와 학습으로 유도해야 한다고 여겼다. 식사와 몸을 씻기는 일은 가능한 한 빠른 속도로 "해치우고", 그렇게 해서 더 중요해 보이는 것, 즉 보육교사와 아이들이 함께하는 놀이 시간을 벌어야 한다는 생각이었다.

이렇게 우리는 아이들에게 어떻게 놀아야 하는지 시범을 보이고 아이들을 "자극하고" 놀이 방법을 세세히 알려주는 것이 우리의 과제라고 생각했다. 우리의 아이디어와 활동을 통해 아이들이 사물을 이해하고 세상에서 적응하는 법을 배워야 한다고 여겼던 것이다.

이런 상황이었으니, 엠미 피클러와의 만남은 우리를 근본적으로 혼돈스럽게 만들 수밖에 없었다. 그때까지 옳다고 여기고 실행했던 모든 것에 대해 의문을 갖게 된 것이다.

놀이는 아이들의 기본적인 욕구이며, 놀이는 다양한 발달 단계에 있는 아이들의 삶을 채우는 주된 내용이다. 따라서 오래 전부터 교육학 문헌에서 놀이가 많은 부분을 차지해 온 것은 당연한 일이다. 하지만 놀이, 특히 영아의 놀이에 대한 정확한 관찰을 바탕으로 작성된 교육학 문헌은 거의 알려진 바가 없다. 따라서 우리는 헝가리 부다페스트 소재의 엠미 피클러 연구소("로치Lóczy")에서 이 책자를 발행하는 것을 기쁘게 생각한다. 엠미 피클러 연구소에서 오래 전부터 교육자로 일하고 있는 에바 칼로Éva Kálló와 지요르기 벌로그Gyorgyi Balog는 이 책을 통해 매우 간단하지만 영아들의 발달에 결정적 역할을 하는 자유놀이의 여러 형태를 기술하고 있다. 여기에서 말하는 자유놀이의 형태는 아기가 자신의 손을 처음 발견하는 것에서 시작하여 사물을 만지고 실험하기를 거쳐 초보적인 블록 쌓기에 이르기까지 다양하다. 사진작가 마리안 라이스만Marian Reismann은 40년간 엠미 피클러의 작업을 동행하면서 그의 메시지를 시각적으로 기록했다. 그 사진들은 관찰 기록 못지않게 중요한 사실들을 분명하게 보여준다. 즉, 우리가 우리 자신의 충동을 행동으로 옮기지 않아야 비로소 아이에 대한 시각이 자유로워지며, 놀이에 개입하지 않은 채 오로지 주의 깊게 관찰해야 블록 쌓기를 하기 훨씬 이전에 아이에게 일어나는 모든 일을 민감하게 지각할 수 있다는 사실이다.

그렇게 하여 영아기의 놀이를 잘 이해하게 되면, 우리는 향후 다음과 같은 문제에 대해 과거와는 다른 관점을 가질 수 있게 될 것이다. 아이가 놀이를 시작하는 시기는 정확히 언제일까? 아이가 처음으로 시도하는 놀이의 모습은 어떤가? 어른들이 사물을 어떻게 다루어야 하는지에 대해 제안도 하지 않고 아이의 행위를 진정으로 존중하는 경우 아이가 사물을 독자적으로 탐구하면서 배우는 것은 무엇일까? 앞에서 언급한 것처럼, 이 책에 실린 관찰 기록은 보육원에서 이루어진 것이다. 하지만 엠미 피클러의 교육 원칙은 가정에서 자라는 영아를 대할 때도 당연히 똑같이 유효하다.

그렇다면 부모이자 보육교사로서 우리의 역할은 무엇일까? 우리의 과제가 아이들과 직접 노는 것이 아니라면, 우리는 어떤 방법을 통해서 아이들의 놀이가 바람직하게 발전하도록 영향을 미칠 수 있을까? 이와 관련하여 이 책은 우리의 책임이 무엇이며, 어떻게 하면 우리가 조급해하지 않고 차분하고 신중한 태도로 아이들이 마음껏 자유롭게 발달하는 데 필요한 틀을 만들 수 있는지 알려줄 것이다. 그런 틀 안에서 아이들은 안전하게 이 세상을 탐구하고 독립적으로 행동하는 법을 배울 것이다.

아이들은 혼자서 놀 능력이 없다는 부모와 보육교사들의 호소를 우리는 잘 알고 있다. 그런데 아이들이 수동적이고 자발성이 부족한 이유가 바로 어른들의 행동 때문이라고 생각하는 사람은 거의 없다. "커다란 컵은 작은 컵 안에 들어가지 않아!"라는 것을 어른들로부터 기계적으로 배우는 것이 아니라 작은 컵이 커다란 컵 속에 들어간다는 사실을 스스로 발견하는 아이가 사실은 훨씬 많은 것을 배울 수 있다.

우리가 아이들에게 놀이 도구를 쥐여주는 것은 놀이의 내용을 제안하는 것과 동일하다는 사실, 그리고 우리가 건네주는 놀이 도구가 복잡한 것일수록 아이들은 우리에게 의존하게 된다는 사실을 간과하지 말아야 한다. 이와 관련해서도 이 책은 설명한다. 즉, 전통적인 관점으로는 놀잇감이 될 수 없는 단순한 사물들을 어른의 개입 없이 자유롭게 다루어 보는 것이 일상의 중요한 현상을 이해하는 데 무척 중요한 역할을 한다는 것이다.

아이들을 돌볼 때 우리는 어느 경우에나 몸에 젖어버린 편안한 습관에 의존해서는 안 되며, 어떠한 "사소한 일"에도 관심을 기울여야 한다. 아마도 이것이 엠미 피클러가 우리에게 되풀이해서 전하려던 메시지일 것이다.

앙케 친저Anke Zinser

1996년 1월 베를린에서

자유놀이의 시작

"가장 중요한 것은 아이가

가능한 한 많은 사물을 직접 발견하는 것이다.

우리가 매번 아이의 과제 해결을 도와준다면,

이는 정신적 발달에 가장 중요한 것을

아이에게서 빼앗는 것이나 마찬가지이다.

독자적인 실험을 통해 무언가에 도달한 아이는

완성된 해법을 제공받는 아이와는

완전히 다른 지식을 얻게 된다."

엠미 피클러Emmi Pikler,
출처 :《평화로운 아기들, 만족스러운 엄마들》

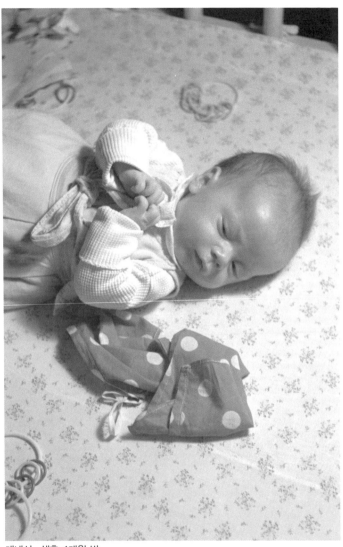

데네시, 생후 4개월 반

☆ ☆ ☆

엠미 피클러는 젖먹이 시기의 아기에게 첫 장난감으로 부드러운 코튼으로 만든 색이 있는 천조각을 주라고 제안한다. "몇 주가 지나도 아기가 천조각에 관심을 보이지 않을 수도 있다. 하지만 대부분의 경우 아기는 금세 천조각을 인식하고, 손으로 잡고, 구겨질 정도로 꼭 쥐고, 이리저리 돌려보다가 입으로 가져간다. 많은 경우 아기는 천조각을 눈 위로 가져오고는 깜짝 놀란다. 천조각으로 눈이 가려져 주위가 깜깜해지기 때문이다.

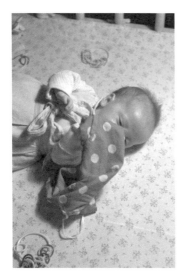

✿ ✿ ✿

"그렇게 아이는 팔을 움직이다가 우연히 천조각을 아래쪽으로 끌어내린다. 그리고는 기뻐서 활짝 웃는다. 이런 팔의 움직임은 처음에는 우연히 일어나지만, 아기는 이를 계속 반복하며 놀이로 삼고 그 결과를 시험해 본다. 어른들은 여기에 착안하여 아이에게 "까꿍놀이"를 가르친다. 하지만 어른들이 가르치기 전에 아기가 혼자서 그런 놀이를 발견한다면 그 기쁨은 훨씬 클 것이다!"

출처 :《평화로운 아기들, 만족스러운 엄마들》

서론

✩ ✩ ✩

✩ 놀이는 아이의 내적 욕구다. 젖먹이 시기의 아이는 끊임없는 관심을 가지고 자신의 주변을 관찰한다. 이 시기의 아이들은 사물을 만지고, 쥐고, 누르거나 집어 올리고, 다시 떨어뜨리면서 즐거워한다. 이 시기의 아이들이 사물을 가지고 하는 행동들은 앞에서 나열한 것보다 훨씬 다양하다.

여러 개의 놀이 도구를 동시에 가지고 놀 때, 어린아이는 그것들로 끊임없이 다양한 놀이를 하며 즐거워한다. 하나의 놀이 도구를 다른 도구 속에 집어넣기도 하고, 빈 그릇 모양의 놀이 도구를 겹쳐 탑을 만들기도 하고, 여러 가지 물건 중에서 모양이 같은 물건들을 찾아내기도 한다. 아이들은 가끔씩 좀 더 복잡한 과제에 도전하기도 한다. 둥근 물건이 바닥에서 데굴데굴 굴러다니다 멈추는 모습을 보려고 끊임없이 던지기도 한다. 주사위 모양의 물건들을 바닥에 쏟았다가 다시 바구니에 담고, 탑을 무너뜨렸다가 다시 쌓아 올린다.

　내면적으로 억압된 아이들은 무언가를 시험해 보고 발견하고 알아가고자 하는 마음이 닫힌 듯 사물에 대한 관심이 적은 반면, 내면적으로 안정된 아이들은 여러 가지 새로운 생각을 해 낸다. 내면적인 안정을 이루지 못한 아이는 놀이에 몰입하지 않고 피상적으로만 놀이를 하는 모습을 보이는 경우가 많다.

　보육원에서 자라는 아이들은 일반 가정에서 자라는 아이들보다 행동이 자발적이지 못하게 될 가능성이 크다. 보육원에서는 보육교사와 보육 대상 간에 신뢰를 바탕으로 하는 내면적인 관계가 이루어지기 어렵다. 아이들이 독립적으로 놀이를 하고 싶을 만큼 편안한 감정을 갖고 있지 못하다. 그런데 이런 아이들의 독립적인 행동 욕구를 방해하는 또 다른 원인은 보육교사나 놀이 친구가 사라질지도 모른다는 두려움, 보육교사를 포함한 그룹의 구성이 달라질지도 모른다는 두려움이다. 그런 변화는 아이의 감정 상태뿐만 아니라 놀이 행동에도 영향을 미친다. 그뿐 아니라 집단생활의 일상에서 생기는 어려움도 이 문제에 영향을 미친다. 즉, 보육원에서 자라는 아이는 놀이를 할 때 다른 아이들에 의해 방해를 받을 수 있으며, 식사 시간과 목욕 시간이 확실하게 정해져 있음에도 불구하고 매번 아이가 자기 방식대로 편안하게 차례를 기다리는 능력이 없을 수도 있다. 보육원에서 영아가 건강한 인성을 형성하는 데 특히 중요한 것은 독립적이고 자유로운 움직임, 독립적이고 자유로운 놀이라고 할 것이다.

보육교사들은 독립적으로 놀이하는 능력이 없는 아이들을 대할 때 마음이 편치 않다. 하지만 보육교사들이 아무리 노력하더라도 아이들이 끊임없이 내어놓는 새로운 소망을 충족시켜 줄 수는 없다. 보육교사들은 아이들이 만족하지 못하는 근본적인 원인을 인식하지 못하는 경우가 많다. 아이들이 만족하지 못하는 실질적인 원인을 규명하지 못한 채, 지루해하는 아이들에게 놀이를 조직하거나 이끌어 주는 방법으로 아이들을 놀이에 참여하도록 자극하려 노력한다. 하지만 이런 시도는 애초에 실패하게 되어 있다. 그렇게 하면 독립성을 가지고 무언가를 하려는 아이의 의지를 강화시키기보다는 자신을 돌봐주는 어른이 자신과 함께 무언가를 하리라는 기대감을 일깨울 뿐이다.

독립적인 놀이를 할 능력이 없으면 저절로 어른에게 종속되어 있다는 감정이 커진다. 반면에 독립적으로 하는 활동은 아이가 독립적으로 행동할 수 있음을 체험하는 데 도움이 된다. 자신이 무엇을 가지고 놀고 싶은지 결정하면, 계속 실험을 할지, 혹은 새로운 시도를 그만두고 무언가 다른 것을 시작할지가 자신에게 달려있다는 것을 감지하게 된다.

아이는 하나의 사물을 가지고 할 수 있는 모든 것을 자유롭게 시험해 보면서 그 사물의 특성을 발견해 나간다. 아이는 이 세상을 알아낼 수 있다는 사실을 경험하며, 자신이 무언가를 알아내는 능력을 가지고 있음을 알게 된다. 주체적인 행위를 통해서 아이는 모든 발달 단계에서 뭔가를 해냈다는 느낌을 얻으려면 어떻게 행동해야 하는지를 배운다. 그러면 자신의 능력을 체험할 수많은 행동 기회가 아이에게 열린다. 이런 경험을 한 영아는 자신감이 커지며, 보육원에서 때때로 일어나는 어려운 상황에 대해 다른 아이들과 구별되는 방식으로 대처한다.

결국 아이를 둘러싸고 있는 세상에 대한 아이의 원천적인 관심을 유지시키는 일, 놀이를 독립적이고 자유롭게 펼쳐나가는 데 필요한 조건들을 지속적으로 만드는 일은 대부분 어른들의 손에 달려있는 것이다.

제1장

만 1세 이하 아이의
전형적인 손놀림 형태 및
적합한 놀이 도구

☆ 1. 아기에게 첫 장난감을 건네주는 적절한 시기는 언제일까?

　로치의 영아들은 보통 처음에는 바닥에 마련된 안전한 장소인 놀이 울타리 안에서 놀기 시작하며(이에 관한 상세한 기술은 46쪽 참조), 시간이 지나 좀 더 자라면 공간 전체에서 놀이를 한다.

　아기가 처음으로 자신의 손을 발견하고는 손의 움직임에 몰두하는 모습은 흥미진진한 광경이다. 맨 처음 아기는 자신의 손을 우연히 보게 되며, 곧 손이 어디에 있는지를 시야에서 놓쳐 버린다. 얼마 지나지 않아 아기는 좀 더 오랫동안 손에 시선을 두고 머리와 눈으로 그 움직임을 따라갈 수 있게 된다. 시간이 지나면서 점점 사물을 쳐다보는 경험과 몸을 움직이는 체험이 연결된다. 점차적으로 아기는 시각적인 통제에 따라 팔과 손, 손가락을 움직이는 법을 배운다.

영아가 손을 탐구하며 움직이는 방법은 나중에 물건들을 처음으로 손으로 잡을 때의 방법과 유사하다. 팔을 움직이거나 쭉 펴면서 자신의 주먹을 관찰하는 것처럼, 영아는 곧 사물을 자신의 눈에 가까이 또는 멀리 두고 자세히 관찰한다. 손을 폈다가 주먹 쥐기를 반복하는 가운데 사물을 잡고, 쥐고, 놓는 능력을 가지게 된다. 처음에는 한 손으로 다른 손을 건드리고 만지다가, 시간이 지나면 한 손으로 쥐고 있는 사물을 다른 손으로 건드리고 만지게 된다. 아기가 사물을 쥐는 것보다 자기 손을 관찰하며 손을 가지고 노는 것을 먼저 하는 것이다.

따라서 우리는 영아가 되

풀이해서 자기 손을 쳐다보고 손을 가지고 놀기 시작하거나 자기 주변에 관심을 갖는 모습을 보일 때 비로소 장난감을 건네준다. 아기가 주변에 관심을 갖는다는 것은 주위를 둘러보거나 자신의 침대 곁을 오가는 보육교사를 계속 쳐다보는 행동, 침대의 격자 난간을 살펴보고 몇 차례 건드리는 행동, 침구에 달린 끈을 잡아 들고 보는 행동 등을 가리킨다. 생후 3개월이 지나면 영아는 그런 능력을 갖게 된다.

아기 침대의 격자 사이에 줄을 묶어 달아 둔 딸랑이처럼 영아의 시야에 놓여 있는 장난감은 영아가 자기 손을 발견하는 것을 방해하고, 영아의 시선이 손에서 자꾸만 다른 곳을 향하도록 주의를 분산시킨다. 게다가 손으로 가지고 놀 수 없고 눈으로 바라볼 수만 있는 장난감은 영아에게 필요하지 않다. 이런 사물이 손에 닿는 범위에 놓여 있더라도 몸을 뒤척이다가 우연히 잠시 건드리는 것이 전부이다. 그 뒤로도 격자 난간에 고정시킨 장난감은 영아가 손을 다양하게 사용하고 집중적인 놀이를 하도록 자극을 주지 못한다. 그런 장난감은 영아가 떼내어 움직이고 돌리고 이리저리 흔들고 가까이 가져오거나 멀리 떨어뜨려 놓을 수가 없기 때문이다. 고정시킨 장난감을 가지고 영아가 할 수 있는 행동은 단지 두들기고 붙들고 끌어당기는 것뿐이다.

최근에 흔히 볼 수 있는 모빌에 대해서는 별도로 언급할 필요가 있다. 천장에 매달려 반짝이는 알록달록한 나비와 물고기 모양의 모빌은 원을 그리며 돌면서 아래위로 움직이며 끊임없이 다른 모습을 보여준다. 공기의 흐름이 이런 모습을 만든다. 모빌에 달린 것들에 아기는 몹시 흥분된 반응을 보인다. 끊임없이 변하는 광경에 시선을 고정시키고 쉽게 눈을 떼지 못한다.

영아가 놀이에서 이토록 큰 자극을 받는 것은 주변에서 낯설고 특이한 사물이 눈에 띄는 경우 말고는 드문 일이며, 그런 경우에도 자극은 오래 가지 않는다. 낯선 사물을 발견하면 영아는 보통 그것을 만져보려 애쓴다. 그리고 그것을 만지는 데 성공하면, 새로운 장난감의 여러 가지 특성을 적극적으로 탐구하는 과정에서 처음의 흥분이 확연하게 가라앉는다. 반면에 모빌은 영아가 도달할 수 없는 것이다. 손으로 만질 수도 없으며, 영아와는 상관없이 움직인다. 영아는 모빌의 움직임에서 자기 행동의 영향력을 관찰할 수 없고, 그래서 모빌을 자신의 경험 세계로 들여놓을 수가 없다. 또한 천장의 전구, 커튼, 그림처럼 자신이 만질 수 없는 방안의 다른 사물들만큼 모빌에 익숙해질 수가 없다. 영아는 그런 사물들에 대해서도 관심을 보이며, 때로는 마치 눈으로 사물을 만지기라도 하듯 오랫동안, 되풀이해서 쳐다본다. 하지만 이 사물들은 오랜 시간이 지나도 아무런 변화를 보이지 않기 때문에 영아에게 익숙한 환경의 일부가 되어 버린다. 끊임없이 모양을 바꾸면서 움직이는 모빌도 언젠가는 영아의 눈에 하나의 익숙한 사물이 될 것이다. 하지만 그렇게 될 때까지 모빌은 끊임없이 영아를 긴장하여 주목하게 만들면서 진정한 경험을 제공하지는 못한 채 자극적인 반응만 높인다.

생후 3개월 내지 4개월이 되면 영아는 주위에 놓아둔 놀이 도구들에 관심을 보인다. 놀이 도구들을 쳐다보고, 그 중 한 가지에 손을 뻗어 건드려 본다. 이때 처음에는 움직임이 불안하여 놀이 도구와의 거리를 정확히 가늠하지 못하며, 자신이 선택한 놀이 도구의 주위를 이리저리 더듬는다. 이 과정에서는 성급하게 손을 뻗치는 바람에 쥐려고 했던 놀이 도구를 밀쳐버리는 일도 생길 수 있다. 영아의 손 모양은 아직 물건의 형태에 맞지 않다. 이 시기에는 모든 장난감을 동일한 방식으로 손을 움직여 잡으려 한다. 그런 식으로 손에 쥘 수 있는 사물을 가까운 곳에서 찾으면, 영아는 점점 자주 그 사물을 손에 쥘 것이며, 이런 시도가 반복되면서 손의 움직임은 점점 더 노련해질 것이다.

생후 5개월 정도가 되면 대부분의 영아들은 목표물에 적합하게 손을 움직임으로써 자신이 원하는 장난감을 만지고 쥘 수 있게 된다. 이 시기에는 손놀림 방식이 다양해져서 사물의 주위를 더듬고 누르거나 돌리고, 나중에는 사물을 흔들거나 한쪽을 잡아 이리저리 흔들리게도 한다. 그리고 한 손에 쥐고 있던 사물을 다른 손으로 옮겨 쥐기도 한다. 한 손에 쥐고 있다가 다른 손으로 옮기는 것을 반복하면서 그 사물을 가만히 들여다보기도 한다.

우리가 로치에서 생후 3개월에서 6개월 사이의 영아에게 처음으로 주는 놀잇감은 영아의 시선을 끌만한 밝은 색의 면으로 된 천조각(가로세로 35cm)이다. 영아는 천조각을 오랫동안 쳐다보고 만지다가 손에 쥔다. 천조각은 영아가 손에 쥐고 이리저리 만져도 쉽게 손에서 빠져나오지 않기 때문에 다시 집을 필요가 없다. 따라서 다른 장난감보다 더 오랫동안 가지고 놀 수 있다. 때때로 얼굴 위로 가져가 쳐다보다가 얼굴에 떨어뜨리기도 한다. 하지만 천조각은 매우 가벼워 전혀 아프지 않다. 얼굴에 떨어진 천조각을 치우는 데 처음에는 몇 분씩 걸리기도 하지만, 몇 번만 그러고 나면 이내 쉽게 천조각을 얼굴에서 치워버린다.

이 밖에 우리가 이 시기의 아기에게 주는 장난감은 깃털이나 바구니 재질로 만든 공, 고무나 천으로 만든 인형(사람, 동물) 등으로, 아기가 그 전체나 일부분을 손으로 잡을 수 있는 것들이다. 영아가 이런 물건을 별다른 어려움 없이 손으로 쥐고 노는 모습을 보이면, 이번에는 천이나 나무로 만든 납작한 모양의 물건을 주위에 놓아둔다. 이런 물건은 공이나 인형보다 손으로 잡기가 조금 더 어렵다. 생후 6개월 정도가 되면 이보다 더 무거운 장난감을 주어도 된다.

고무로 만들어진 삑삑거리는 동물 인형과 일반적인 딸랑이와 같은 전형적인 영아용 장난감은 생후 1년 이하의 영아들에게 주는 장난감의 기준을 충족한다고 말할 수 있지만, 그럼에도 몇 가지 단점이 있다.

놀이 도구를 만지고 눌러 볼 때 영아는 사물의 특성을 촉각으로 분명히 인식한다. 예를 들어 어떤 사물이나 사물의 일부가 다른 사물보다 더 쉽게 눌러진다는 특성을 알게 된다는 것이다. 이와 동시에 아기는 자기 행동이 일으키는 변화를 관찰하기 때문에 시간이 가면서 어떤 사물을 바라보기만 해도 이미 그것이 단단하지, 아니면 말랑말랑한지 안다.

하지만 삑삑 소리를 내는 고무로 된 동물 인형의 경우 누를 때마다 나는 소리가 인형의 재료와 형태, 즉 눈으로 볼 수 있고 손으로 만질 수 있는 사물의 특성에 좌우되는 것이 아니라, 인형 내부에 있는 삑삑 소리를 내는 장치에 의한 것이다. 아기가 그런 동물 인형을 손으로 누르거나 우연히 동물 인형이 아기 밑에 깔리면 날카로운 소리가 나므로 아기가 놀랄 수도 있다. 그래서 우리는 소리내는 부분을 제거한다.

소리를 내는 장치가 안에 들어 있는 일반적인 딸랑이를 가지고 노는 영아는 어떻게 딸랑거리는 소리가 생겨나는지 눈으로 확인할 수 없다. 생후 5~6개월의 영아는 다른 장난감을 가지고 놀 때와 마찬가지로 딸랑이를 이리저리 흔들거나 한쪽을 잡고 흔들거리게 하면서 자신의 움직임이 어떤 영향을 미치는지 관찰한다. 하지만 딸랑이를 입에 집어넣고, 한쪽 손에서 다른 쪽 손으로 옮기고, 한쪽 손 위의 딸랑이를 다른 손으로 건드리거나 두드려 보아도, 자신이 어떻게 하면 소리가 나고 어떻게 하면 소리가 나지 않는지 알아낼 수가 없다.

반면, 여러 개의 구슬이 꿰어져 있는 체인이나 고리를 매단 나무 딸랑이는 구슬이나 고리가 이리저리 흔들리면서 소리를 내기 때문에, 영아는 그것들의 움직임을 보는 동시에 이로 인해 나는 소리를 들을 수 있다. 이 때문에 우리는 전통적인 딸랑이보다 나무 딸랑이 또는 구슬 체인을 선호하며, 소리를 내는 장치가 안쪽에 숨겨져 있는 원통이나 주사위 같은 것들을 이 시기의 영아에게 주지 않는다.

생후 6개월 정도가 되면 영아는 무언가를 두드리면 소리가 난다는 사실을 의식한다. 이 시기에는 특히 여러 가지 물건으로 방바닥이나 다른 물건, 혹은 놀이 울타리를 두드리는 것을 좋아한다. 6개월 전까지는 구슬 체인이나 나무 딸랑이를 흔들 때 소리를 내는 주체가 자신임을 알고 있는지 확실하지 않다. 하지만 생후 6개월 이후 영아의 행동과 표정을 보면 소리와 자신과의 상관관계를 발견했다는 사실을 분명히 알 수 있다. 구슬 체인이나 나무 딸랑이를 흔드는 동안에는 그것을 쳐다보며, 흔들지 않는 동안에는 아무 소리도 나지 않는 상태에 관심을 기울이는 모습을 보인다. 그러다 다시 나무 딸랑이를 쳐다보고는 또다시 흔들기 시작한다. 그러면서 영아는 소리가 나는 것을 즐거워하며, 미소를 짓고, 소리 내어 웃는다.

시간이 지나면 영아는 양손에 물건을 하나씩 들고 양쪽을 관찰하다가 그 둘을 나란히 두고는 둘의 차이를 인식하기 시작한다. 그리고 얼마 지나지 않아 물건 둘이 부딪히면 소리가 난다는 사실을 알아낸다.

우리는 이미 6개월 전에도 아기에게 다양한 소재로 된 장난감을 제공하려고 주의를 기울인다. 왜냐하면 이 시기의 영아가 천이나 나무 혹은 플라스틱 등으로 만들어진 장난감을 반복적으로 건드리거나 만지면서 다양한 경험을 하고 다양한 인상을 받기 때문이다. 영아가 여러 가지 물건으로 소리를 낼 수 있음을 발견할 때에도, 다양한 재료로 만들어진 놀이 도구를 제공해 주어야 한다. 나무 링으로 바닥을 두드릴 때 나는 소리는 금속 그릇에서 나는 소리와 다르다. 같은 물건이라도 바닥에 두드릴 때와 바구니를 두드릴 때 나는 소리가 각기 다르다. 이런 과정에서 영아는 다양한 모양의 물건을 어떻게 쥐고 두드려야 소리가 잘 나는지 시험해 본다.

영아를 주의 깊게 관찰하면, 놀이 울타리 안에 새로 들여진 물건에 곧바로 관심을 보일 뿐만 아니라, 같은 장난감을 오랫동안, 심지어 수개월 동안 집중적으로 가지고 논다는 것을 알 수 있다. 동일한 물건을 반복적으로 가지고 노는 과정에서 영아는 그 물건의 특성을 점점 더 많이 발견한다. 장난감을 때로는 가까이에서, 때로는 멀리서, 위에서, 옆에서, 혹은 앞에서 쳐다보는 과정을 통해 영아는 일부만이 보이거나 다양한 각도와 거리에서 보일 때에도 그것이 동일한 사물임을 배워 나간다. 동일한 장난감을 끊임없이 다른 방식으로 쥐어 보는 가운데 자신이 그것으로 할 수 있는 모든 것을 알아내려고 노력한다. 이런 과정을 거치면서 영아는 점점 더 익숙하게 물건을 다루게 되며, 그것을 가장 쉽게 쥐는 방법과 가장 적은 힘을 들여 바닥에서 들어올리는 방법을 터득해 나간다.

영아가 새로운 사물을 가지고 놀기 시작할 때는, 그때까지 좋은 결과를 낳았던 손 모양으로 그것을 쥐어 보려는 모습을 볼 수 있다. 새로운 물건이 이전의 물건과 같은 방법으로 쥐여지지 않는다는 것을 발견하면 이전의 익숙한 손놀림을 바꾸려 시도하며, 이에 더하여 새로운 장난감이 제공하는 새로운 가능성을 탐색한다.

생후 7개월부터 12개월 사이에는 다양한 형태의 사물을 집어 드는 방법이 점점 노련해지고 자신감도 점점 커진다. 영아가 장난감을 쥐는 모습을 가만히 관찰하면, 장난감을 건드리기 전에 그것을 쥐기에 가장 알맞게 손과 손가락 모양을 만든다는 것을 알 수 있다. 주사위를 쥘 때와 딸랑이를 쥘 때의 영아의 손과 손가락 모양은 다르다. 주사위는 여러 개의 손가락을 사용하여 주워 올리며, 딸랑이는 손잡이를 쥔다.

다양한 놀이 도구를 반복적으로 주워 올리고 떨어뜨리는 영아는 이 물건들이 바닥에 떨어지는 형태와 방식에도 관심을 가지며, 그것들이 바닥에 떨어질 때 나는 소리에도 관심을 갖는다. 이 밖에도 형태, 표면, 무게가 다른 물건들은 어떤 손 모양을 할 때 가장 쉽게 쥘 수 있는지 습득한다. 시간이 지나면 장난감을 던져 놓고는 배를 밀고 기어가서 쥐거나, 작은 놀이 도구를 놀이 울타리 밖으로 내놓은 뒤 다시 가지고 오며 즐거워한다.

영아가 "떨어뜨리고 주워 올리는" 놀이, 혹은 "잃어버리고 다시 찾는" 놀이 경험을 쌓기 위해서는 이전에 가지고 놀던 장난감, 그리고 볼링핀 모양의 놀잇감과 공 같은 새로운 장난감이 필요하다. 하지만 영아가 배밀이를 하거나 기어서 돌아다니기 전에 놀이 울타리에 공을 넣어 주는 것은 바람직하지 않다.

우리는 장난감으로 이런 행동을 하는 영아의 손가락 움직임이 점점 섬세해지는 것을 관찰할 수 있다. 이 시기의 영아는 손가락으로 물건을 건드리고, 만지고, 쓰다듬는다. 또한 갈라진 틈이나 튀어나와 있는 부분처럼 물건의 표면을 흥미롭게 만드는 것들을 발견하고는 긁어보고, 그 틈새나 구멍에 손가락을 집어넣는 등, 손가락으로 할 수 있는 모든 행동을 시험해 본다. 엄지와 검지를 사용하여 바닥에 떨어져 있는 작은 부스러기를 줍기도 하며, 자신이 신고 있는 실내화나 다른 곳에 붙어있는 실을 떼어내 오랫동안 가지고 놀기도 한다. 영아가 이런 손놀림을 반복적으로 시험해 볼 수 있도록 표면의 모양이 각기 다른 장난감을 주는 것이 좋다. (아이들이 삼키거나 눈이나 귓속에 넣을 수 있는 작은 물건은 놀이 울타리 안에 놓아두지 말아야 한다.)

영아가 다양한 형태의 장난감을 쉽게 집어 올릴 수 있게 되면, 얼마 지나지 않아 매번 그것들을 손에 쥐어 보지 않은 상태에서도 할 수 있는 것이 무엇인지 시험을 통해 알고 싶어한다. 영아는 다양한 형태의 놀이 도구를 이리저리 밀고 던졌다가 다시 세워 놓는다. 이런 과정에서 홀쭉하고 커다란 물건이 납작한 것보다 쉽게 쓰러진다는 것을 경

험한다. 자신이 쓰러뜨린 것 가운데 어떤 것은 그대로 바닥에 놓여있는데 어떤 것은 데굴데굴 굴러간다는 것도 경험하고, 장난감 자동차를 밀다가 내동댕이쳤는데도 바퀴가 계속 돌아가는 것도 경험한다.

이 모든 것은 아이에게 무척 흥미로운 일이며, 아이는 자신이 한 번 성공시킨 일을 다시 한번 해 보려고 끈기 있게 시도한다. 따라서 우리는 크기와 높이가 서로 다른 움푹한 접시와 컵, 바구니, 통, 양동이를 마련하여 아이가 가지고 놀 수 있도록 한다. 이 시기의 아이는 이미 제법 큰 물건을 가지고 놀 능력이 있다. 하지만 그것으로 인해 다른 아이가 위험하게 될 우려가 없는 경우에만 그런 큼직한 물건을 놀이 도구로 제공한다.

생후 10개월부터 12개월 사이의 영아는 두 개의 물건을 가지고 노는 일이 잦아진다. 앞에서 언급한 것처럼 이런 경우 영아는 처음에는 장난감을 양손에 하나씩 가지고 있다가 시간이 경과하면 그 둘을 접촉시키거나 반복적으로 부딪쳐 본다. 이때 영아는 모양이 같은 놀이 도구, 즉, 주사위 두 개 또는 작은 공 두 개를 선택하는 경우가 많다.

영아는 속이 빈 놀이 도구를 가지고 큰 것 안에 작은 것을 집어넣거나 떨어뜨려 넣고, 손으로 꺼냈다가 다시 넣기를 되풀이한다. 이런 행동은 두 가지 장난감을 가지고 노는 행동에서 한 단계 더 나갔음을 보여준다. 이 시기에도 그렇지만, 그 다음부터는 영아가 여러 개의 물건을 다루기 시작한다. 영아는 같은 대접이나 양동이에 계속 물건들을 집어넣기도 하고, 한꺼번에 모두 쏟아버리고는 그 안에 집어넣을 다

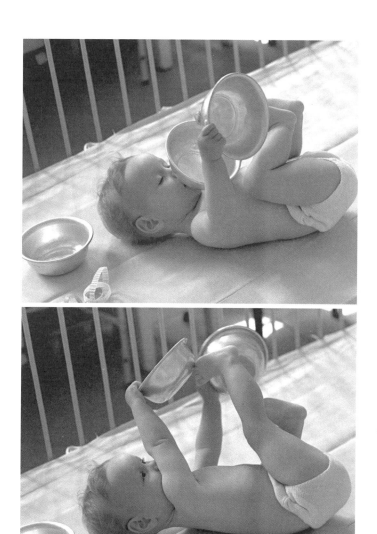

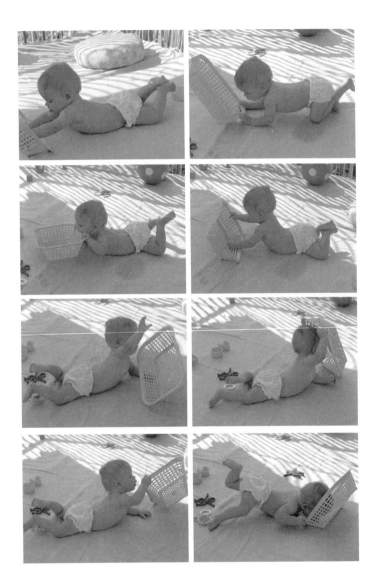

른 물건들을 찾아본다. 이런 시도를 반복적으로 하고 나면 어떤 것이 어떤 것 속에 들어갈 수 있는지 점점 확실하게 추측할 수 있게 된다. 이제 영아는 작은 공은 작은 양동이 속에 들어가고 큰 공은 커다란 양동이 속에만 들어간다는 사실을 알게 된다.

앞에서 우리는 영아가 두 개나 몇 개씩 가지고 놀기에 적당한 물건을 나열해 보았다. 그 가운데 작은 물건들은 큰 것 안에 "떨어뜨리거나" 집어넣는 놀이에 알맞다. 갖가지 크기의 바구니, 대접, 양동이는 영아가 이리저리 밀면서 옮겨 놓기에 좋을 뿐 아니라 작은 장난감을 담기에도 알맞다. 이런 물건들을 선택할 때 우리는 만 1세 정도의 영아가 하게 될 행동을 미리 생각한다. 따라서 아이가 이것저것 모으기에도 알맞고 처음으로 쌓기 놀이의 방법을 터득하는 데도 적합한 장난감을 아이 주위에 놓아두는 것이 중요하다.

2. 얼마나 많은 장난감을 어떤 방법으로 주어야 할까?

생후 3개월에서 6개월 사이에 위를 향해서 누워 있기만 할 때는 영아의 손이 닿는 범위 안에 서너 개의 놀이 도구를 놓아둔다. 하지만 손에 쥐려는 의도 없이 팔을 움직이기만 해도 부딪힐 정도로 가까운 곳에 두지는 않는다. 처음에는 영아가 이리저리 더듬거리면서 서툴게 손을 움직여서 놀이 도구를 밀쳐내는 일이 잦으므로, 어른이 그것들을 다시 영아 가까이로 옮겨준다.

어떤 아이가 어떤 놀이 도구를 가장 자주 가지고 노는지 보육교사가 알고 있는 것도 중요하다. 예를 들어 어느 아이가 며칠, 혹은 몇 주 전부터 어떤 천조각이나 나무 딸랑이에 특별히 관심을 보이는지 안다면, 보육교사는 그 아이가 그 장난감을 더 이상 가지고 놀지 않고 다른 무언가에 관심을 보일 때까지 아이의 곁에 놓아둔다.

예를 들어 돌보는 아이들 중 한 아이가 어느 순간부터 무언가를 바구니 속에 넣는 모습을 보면, 보육교사는 아이가 사용할 만한 빈 통이 충분히 있는지 생각해 보아야 한다. 여러 가지 물건을 가지고 반복하는 아이의 실험에 무언가 더 적합한 물건이 필요해 보이면, 그런 물건을 찾아 아이 주위에 놓아주어야 한다. 어느 아이가 뭔가를 들고 계속 바닥을 두드리면, 보육교사는 아이가 두드리기에 적당한 물건을 주어야 하는 것이다.

영아들이 몸을 뒤집어 스스로 자리를 바꿀 능력이 없는 시기에는 무엇보다 새로운 손놀림을 하는지 유심히 보고 그에 적절한 장난감을 주위에 놓아주는 것이 중요하다.

앞에서 언급한 것처럼, 영아의 침대 난간에 놀이 도구를 묶어 두는 것은 손놀림의 발달에 별다른 도움이 되지 않는다. 침대 난간에 묶여 있는 놀이 도구에 손이 닿더라도 기껏해야 놀이 도구를 반복적으로

치거나 잡아당길 수 있을 뿐, 집어 올리거나 손에 쥐고 이리저리 탐색해 볼 수는 없다.

생후 6개월 정도가 되면 영아는 다양한 방법으로 물건을 다루기 때문에 익숙해진 몇 가지 물건 이외에 새로운 놀이 도구를 필요로 한다. 커다란 놀이 울타리나 방에 여러 명의 아이들이 멀리 떨어져 있는 경우, 우리는 각 아이에게 6개 내지 8개의 놀이 도구를 준다.[1] 놀이 공간이 좁아서 옆으로 몸을 돌리거나 뒤집거나 몸을 쭉 펴서 자신의 장난감뿐만 아니라 다른 아이들의 장난감까지 쉽게 손이 닿는다면 이보다 적은 수의 장난감을 주어도 된다. 따라서 생후 6개월 이상 12개월 이하의 아이들이 점점 더 다양한 놀이를 하는 경우에는 이전 시기보다 훨씬 많은 장난감을 줄 필요는 없다. 이 시기의 아이들은 자신이 원하는 물건이 방의 다른 쪽 구석에 놓여 있어도 보통 몸을 뒤집고 배밀이를 하거나 기어서 원하는 물건을 손에 넣을 수 있다.

다시 말해서 이제는 더 이상 놀이 도구를 아이와 아주 가까운 곳에 놓아두거나 놀이 울타리 안에 일정한 간격으로 놓아둘 필요가 없다. 이런 방식으로 놀이 도구를 인위적으로 배치하면 영아가 움직이는 동안 끊임없이 무언가에 부딪히게 되므로 오히려 방해가 된다. 따라서 우리는 방의 여러 구석에 장난감을 놓아두거나 가구가 놓여 있지 않은 벽 앞에 놓아둔다. 아이들이 오랫동안 날마다 가지고 노는 놀이

---

[1] 놀이 울타리 안에 아기가 한 명이나 두 명만 있는 경우, 다양한 놀이 도구를 제공해 줄 필요가 있다고 생각되면 한 아기에게 더 많은 놀이 도구를 줄 필요가 있다.

도구들을 항상 같은 자리가 두거나 바구니와 움푹한 그릇 속에 놓아 두는 것도 바람직하다.

물론 이런 원칙은 오랫동안 유지되지 않는다. 놀이를 하면서 아이들은 물건을 한 곳에서 다른 곳으로 가져가고, 하나는 여기에, 다른 하나는 저기에 놓아둔다. 특히 생후 10개월부터 12개월 사이에 이미 여러 개의 물건을 가지고 놀게 되면서 작은 물건을 여러 개 필요로 할 때에는 방바닥 전체가 자주 여러 물건으로 가득 찬다. 경험에 의하면 아이들은 그런 복잡한 상황에서는 제대로 놀기가 어렵다. 따라서 보육교사가 수시로 바닥에 놓여 있는 물건들을 수습해서 바구니 옆이나 움푹한 그릇 곁에 두면 공간이 복잡해지지 않고 아이들이 물건을 바구니에 넣거나 쏟아내는 놀이를 하기에도 좋다. 이 경우 아이들이 물건을 치우자마자 다시 꺼내 놀기 시작하는 모습을 흔히 볼 수 있다. 보육교사가 아이들이 어떤 물건에 관심을 갖고 있는지 안다면, 아이들에게 필요해 보이는 물건들을 더하여 장난감의 폭을 넓혀 줌으로써 이미 시작된 놀이가 계속되도록 도울 수도 있다.

어떤 아이가 피곤하지도 않은데 더 이상 놀지 않는 모습이 눈에 띄면, 보육교사는 그 아이가 잘 가지고 놀만한 물건을 찾도록 도와준다. 만 1세 정도의 아이는 이미 여러 개의 물건 이름을 이해하기 때문에, 그 아이가 좋아하는 장난감이 어디에 있는지 이야기해 주거나 그 장난감을 직접 아이의 곁에 놓아둔다.

이스트반, 생후 9개월 반

크리스티나, 생후 10개월 반

　모든 아이가 발달 단계에 적합하면서 흥미를 끄는 놀이 도구를 선택할 수 있도록 각 놀이 그룹에 제공할 놀이 도구의 종류와 양을 정확하게 추정하려면 주의 깊은 관찰이 필요하다. 여러 명의 아이들이 특정한 물건을 동시에 가지고 놀고 싶어한다면, 그 물건이 아이들의 수만큼 있어야 한다. 놀이 도구가 지나치게 많아서 아이들이 마음대로 움직일 수 없어도 안 된다. 앞에서 언급한 것처럼 영아가 놀이 도구에 싫증을 낼 것을 우려하여 날마다 새로운 물건을 줄 필요는 없다. 놀이 도구를 지나치게 자주 교체하면 오히려 아이가 놀이에 제대로 집중하지 못한다.

장난감의 종류를 늘려 주는 것 말고도 오래 전부터 더 이상 가지고 놀지 않는 물건을 치우는 것도 중요한 과제이다. 새로운 장난감을 처음 접할 때와 더 이상 가지고 놀지 않는 장난감을 치울 때는 아이들이 무엇에 관심을 가지고 있는지 주의 깊게 관찰할 필요가 있다. 아무도 더 이상 가지고 놀지 않는 물건을 놀이 울타리 밖으로 꺼내면 그 대신 새로운 물건을 넣어 주어야 한다.

크리스티나, 생후 10개월 반

3. 놀이 울타리에 관한 몇 가지 언급

아이들이 독립적인 놀이를 할 수 있도록 해 주는 전제조건 중 하나는 놀이 울타리이다.[2]

영아가 아직 옆이나 위를 보고 누워 있거나 엎드려 있는 시기에는 필요하다고 여겨지면 격자 모양의 나무 울타리를 설치해 보호한다. 이런 울타리는 이미 기어 다니거나 일어설 수 있는 아이들로부터 그 영아를 분리하여, 영아가 그들의 방해를 받지 않고 자신의 놀이 도구를 마음껏 탐색할 수 있게 해 준다. 또한 울타리를 사용하여 하나의 공간을 분리하면, 배밀이를 하거나 기어 다니는 영아들이 이미 걸어 다니기 시작한 18개월에서 24개월의 아이들에게 깔리는 일이 없게 된다.

울타리를 세워서 욕실이나 식사 공간을 놀이 공간으로부터 분리하면, 보육교사도 기저귀를 갈거나 이유식을 먹일 때 한 아이에게 좀 더 집중할 수 있다(동시에 다른 아이들에게도 시선을 주면서 잘 지켜볼 수 있다. 왜냐하면 다른 아이들이 보육교사 바로 곁에서 재촉하지 않기 때문이다). 이때는 아이들도 보육교사를 언제나 쳐다볼 수 있다.

한 그룹에 속한 여러 명의 아이들이 놀이 울타리 안에서 지내는 경

---

2 우리는 아이들의 침대에 장난감을 놓아두지 않는 것이 보통이다. 침대는 쉬고 잠자는 공간이다. 놀이 울타리는 더 넓어서 아이들이 움직이고 놀 수 있다. 우리는 수건이나 부드러운 물건을 가지고 잠들기 좋아하는 영아의 침대에는 항상 그런 것을 놓아둔다. 영아가 아파서 하루 종일 침대에 누워 있어야 하는 경우에도 당연히 놀이 도구를 침대에 놓아둔다. 이 경우에는 영아가 좋아하는 물건이나 침대에서 가지고 놀기 적합한 물건을 준다. 그러다가 영아가 졸거나 이미 잠이 들고 나면, 자는 데 방해가 될 놀이 도구를 침대 밖으로 꺼낸다.

우, 우리는 한 아이당 1㎡ 이상의 면적을 산정하여 실질적으로 아이들에게 더 많이 움직일 수 있는 공간을 확보해 준다.

이미 몸을 뒤집을 수 있고 방향을 바꾸고 기어 다니면서 주위를 탐색하는 영아 여러 명이 같은 놀이 울타리 안에 있다면, 그 놀이 울타리는 무엇보다 놀이 공간으로서는 충분히 넓은 공간이 아니다.

그럴 때는 방의 일부에 경계를 정하여 바닥에서 아이들이 놀게 하는 것이 가장 좋은 해법이다. 그러면 아이들에게 더 많은 공간을 확보해 주며 침대 아래에 놀이 공간을 확대할 수 있다.

놀이 울타리 바닥은 판자를 5cm 정도 높이가 되도록 설치하여 만들어져 있다. 이런 목재 바닥은 아이가 독립적으로 움직이는 능력을 발달시키는 데 중요한 역할을 한다. 아이는 놀이 울타리의 딱딱한 바닥에 누워 몸을 움직이며 중력을 경험하면서 처음부터 확실하게 감지한다. '여기까지만 움직이고 더 아래로는 안돼!' 그러면 분명하게 아기때부터 넘어질 위험을 스스로 피하거나 조심스럽게 움직여 애초에 떨어지지 않도록 주의를 기울인다. 다른 한편 딱딱한 바닥의 저항은 아기로 하여금 몸을 세우도록 이끈다. 딱딱한 바닥은 아기가 반복적으로 일어서려는 시도를 할 때 지탱해주며 아기가 기립을 시도할 때마다 필요한 탄력을 더해준다.

우리는 놀이 울타리 바닥으로 스펀지를 사용하는 것은 적절하지 않다고 생각한다. 그렇게 되면 스펀지 안으로 영아의 몸이 파묻히기 때문에 자유롭게 움직이기가 힘들며, 그 위에서는 실제와는 다른 경험을 얻게 된다. 푹신푹신한 바닥은 사물을 다루는 능력의 발달에도 도움이 되지 않는다. 단단하지 않은 바닥 위에 놓인 사물은 단단한 바닥과는 완전히 다르게 반응하기 때문이다. 영아가 물건으로 스펀지 바닥을 두드리면, 스펀지 바닥은 그 소리를 변형시키거나 흡수해 버린다. 금속 재질로 스펀지 바닥을 두드리면 금속 고유의 소리 대신 플라스틱이나 나무 재질의 물건으로 두드릴 때와 비슷한 소리가 난다. 스펀지 바닥에서는 동그란 물건도 잘 구르지 않으며, 움푹하게 패인 곳에서 멈추고 만다. 좀 더 자란 아이들이 서너 명만 있어도 스펀지 바닥에는 반드시 움푹하게 눌린 곳들이 생기게 마련이다. 또한 스펀지 바닥에서는 장난감을 세워 두기가 힘들다. 설사 장난감을 세워 두더라도 옆에 있던 아이가 몸을 돌리거나 바닥을 두드리기만 해도 금세 쓰러지고 만다.

스펀지를 바닥 재질로 사용하지 않더라도 일반적으로 놀이 울타리 바닥이나 방의 일부에 구분해 놓은 놀이 공간에 여러 장의 담요나 두꺼운 카펫을 깔아 놓으려 하는 경향이 있다. 영아가 단열이 되지 않은 바닥에서 놀다가 감기에 걸릴 것을 우려하기 때문이다. 이렇게 담요나 카펫을 깔아 놓는 바닥은 스펀지 바닥만큼 푹신하지는 않지만 여전히 매끈하지 않아서, 영아가 몸을 움직이기 어렵게 된다. 매끈한 바닥보다 마찰이 크기 때문에 움직이는 데 많은 힘이 필요하기 때문이다. 두꺼운 카펫 또는 담요 위에서나 스펀지 바닥 위에서나 물건이 움직이는 모습은 비슷하다. 두꺼운 카펫이나 담요도 스펀지처럼 소리를 흡수하며, 바닥 위에 세워 둔 장난감이 쉽게 쓰러지는 것도 마찬가지다.

바닥에서 놀다가 아이들이 정말로 감기에 걸릴 것 같으면, 우리는 좀 더 따뜻한 옷을 입힌다. 위아래가 붙은 통옷 위에 니트 재킷을 입히면 움직이기에 불편하지 않으면서 감기에도 걸리지 않는다.

로치에서는 놀이 울타리 바닥의 목재가 질이 좋지 않은 경우 면으로 된 깔개를 바닥을 씌운다. 이때는 깔개 둘레를 팽팽하게 잡아당겨 고정해야 한다.

제2장

물건 모으기

✧ 물건 모으기는 아이들의 전형적인 놀이 레퍼토리에 속하며, 수많은 종류로 발전해 나간다. 무언가를 모으는 아이의 행동은 몇 가지 특징을 보인다. 이러한 특징은 "초보자"와 "경험자" 모두에게 해당되는 것으로, 다음과 같다. 아이는 무언가를 선택한다. 모으는 물건이 적든 많든, 그것들이 같은 종류든 아니든, 장난감이나 생활용품이든 자연물이든 상관하지 않고 무언가를 선택한다. 아이가 선택하는 물건은 어떤 이유든 그 순간 그 아이에게 중요한 것이며, 아이는 자신이 선택한 물건들을 특정한 자리 또는 특정한 용기에 모아 둔다.

1. 물건 모으기의 발달 양상

만 1세 정도, 즉 여러 가지 사물을 한꺼번에 다룰 수 있는 시기가 되면 아이는 무언가를 모으기 시작한다. 이 시기에 아이는 주위에 있는 물건들을 가지고 여러 가지 방식으로 놀다가 그것들 가운데 모양이 같은 물건이 있다는 사실에 주목한다. 처음에는 드물지만 시간이 지나면 아이는 이따금씩 구슬 체인 몇 개나 컵 몇 개를 나란히 놓아둔다. 그러고는 마치 그것이 우연히 일어난 일인 것처럼 이전의 방식대로 계속 놀기 시작한다. 하지만 얼마 지나지 않아 아이는 의도적으로 모양이 같은 물건을 찾아 한 곳에 모은다. 아이는 방금 전에 자신이 바구니 속에 집어넣은 것과 모양이 같은 놀이 도구를 방바닥에서 발견하고는 집어 든다. 그렇게 모양이 같은 놀이 도구를 서너 개 모아 놓은 뒤, 거기에 다른 것들을 가져다 놓거나 새로운 놀이 활동을 시작한다.

이 시기의 아이는 물건의 색깔이나 크기의 차이와 상관없이 볼링핀이나 작은 공, 쌓기놀이 블록에서 모양이 같은 것들을 모은다. 아이가 비슷한 놀잇감을 계속 찾아 낼 수 있으려면 그런 놀잇감들이 아이의 시야에 있어야 한다. 그러다가 완전히 새로운 사물을 발견하면 아이는 자신이 선택한 놀잇감이나 자신이 시작한 행동에 더 이상 주목하지 않고 쉽게 다른 것에 주의를 빼앗긴다.

생후 18개월 정도가 되면 아이는 이전보다 더 자주, 더 오랫동안 끈기 있게 같은 모양의 물건을 찾아다니고 모은다. 이 시기의 아이는 이전부터 알고 있어서 그 특성에 익숙한 물건의 경우에는 한참 들여다보지 않아도 금세 알아보고 빈 통에 집어넣는다.

못 보던 놀잇감의 발견 등으로 일시적으로 관심을 빼앗기더라도 아이는 이미 시작했던 모으기로 돌아오는 것이 보통이다. 이는 아이가 특정한 물건과 일을 기억하고 있다는 증거일 뿐만 아니라, 그 기억이 어떤 경우에는 놀이 활동의 선택에도 영향을 미친다는 것을 보여준다.

다양한 물건을 골라 여기저기에 모으면서 아이는 무엇보다도 쌓기놀이의 재료를 다양한 방법으로 정돈할 수 있다는 사실을 발견한다. 아이는 쌓기놀이의 재료를 한 번은 모양에 따라 몇 개씩 모으고, 다음에는 색깔에 따라 몇 개씩 모은다. 때때로 아이는 물건을 선별할 때 모양과 색깔처럼 두 가지 관점을 동시에 고려하기도 한다.

모으기의 시작 단계에서는 무엇보다도 물건들을 선택하고 비교하는 것, 즉 자신의 행위에 집중하며, 행위의 결과, 즉 모은 물건의 양은 그다지 중요하게 여기지 않는다. 하지만 시간이 지나면 결과가 더 중요해져서, 많은 물건을 모으려고 애쓰는 모습이 확연해진다. 아이는 끈기 있게 새로운 물건을 찾아다니며, 양동이나 그릇을 가득 채우며, 더 이상 들어가지 않는데도 계속 물건을 담으려고 한다. 아이는 자신이 모은 특정한 종류의 물건이면 무엇이든 찾아 모으려고 애쓴다. 마

주사, 생후 15개월

치 특정한 종류의 물건을 하나도 빠짐없이 모으는 것에 특별한 의미라도 있는 것처럼, 컵이면 컵, 알록달록한 천이면 천을 모조리 찾아낼 때까지 끊임없이 이곳저곳을 기웃거린다. 그리고 나면 자신의 수집품을 보존하려 한다. 더 이상 놀이 도구로 삼지 않는다고 해도, 아이는 나무 블록으로 가득 찬 양동이나 알록달록한 천 무더기 같은 수집품에서 시선을 떼지 않는다. 다른 아이가 자신이 모은 물건 중 일부를 가져가려 하면 거세게 저항하며, 심지어 친구가 자신의 수집품에 무언가를 더하려 해도 싫어한다. 많은 경우 아이는 자신이 모은 물건들을 안전한 곳에 가져다 두려고 한다. 이를 위해 수집품을 자기 침대 위에 두거나 보육교사에게 맡기기도 한다. 빗자루나 모래삽처럼 특정한 물건을 모조리 모아 둔 아이에게 보육교사가 그 중 일부를 다른 아이들에게 나누어 주라고 요청하면, 아이는 일부를 양보하기보다는 아예 그 물건 전부를 포기하기도 한다.

만 2세가 지나면 물건 모으기 자체를 독립적인 놀이로 하는 경우는 점점 드물어지며, 쌓기놀이나 역할놀이에 필요한 물건을 고르고 모은다. 하지만 만 2세나 만 3세 아이가 구슬이나 블록처럼 새로운 놀잇감을 접하는 경우, 모으기 자체가 순수한 목적이 되는 경우도 관찰할 수 있다.

2. 물건 모으기의 의미

여러 물건 가운데 원하는 것을 찾고 선택하는 과정에서 아이는 사물에는 여러 종류가 있음을 발견하며, 그것들의 특징을 관찰한다. 아이는 그것들을 비교하면서 다양한 물건의 공통점과 차이점을 인식하고, 서로 일치하는 특성에 따라 물건을 분류하여 한 곳에 모은다. 관찰하고, 비교하고, 어떤 특징에는 주목하면서 다른 특징은 무시하고, 일정한 특징을 근거로 여러 그룹으로 분류하는 것, 이 모든 것은 분명 아이들이 무언가를 모을 때 인식 및 행동과 연결되어 끊임없이 등장하는 사고 과정이다.

아이는 이곳저곳에서 찾아 모은 알록달록한 천이나 블록으로 가득한 바구니를 바라보면서, "내가 저걸 해낸 거야!"라는 만족감과 기쁨을 느낀다. 이런 점에서 물건 모으기는 다른 놀이와 마찬가지로 아이로 하여금 독자적으로 행동했다는 경험, 스스로 무언가를 성취할 수 있다는 체험을 제공한다.

모은 물건을 보존하거나 자기 것으로 만들려고 시도하는 아이는 그 과정에서 "내 것", "네 것", "우리 것" 같은 개념을 접하며, 이와 연결된 행동 방식을 배우게 된다.

물건 모으기는 독립적인 놀이로서의 의미를 점차 잃어버리지만, 무언가를 모으고 보존하려는 소망과 욕구의 형태로 아이의 내면에서 이어진다. 그 욕구는 산책길에 주운 나뭇가지나 조약돌을 상자나 서랍 속에 고이 모아 두고 기뻐하는 모습에서 잘 나타난다.

3. 모으기에 적합한 놀잇감

주위에서 쉽게 찾아볼 수 있는 물건이면 어느 것이든 모으기에 적합한 재료이다. 영아기에 가지고 놀던 놀이 도구 외에도 자연이나 가정에서 쉽게 볼 수 있는 많은 물건들이 모으기에 적합하다. 어느 정도 성장한 아이들이 밤이나 솔방울, 빈 상자나 캔을 모아 소중히 여기는 것을 떠올려 보면 어떤 것이 모으기에 적합한지 알 수 있다.

어린아이들도 모아 놓은 물건을 담아 둘 커다란 보관함이 필요하다. 어느 정도 성장한 아이들은 신발 상자, 봉투, 천으로 만든 주머니 등을 사용하여 모은 물건을 보관할 수 있다. 단, 비닐봉투는 질식의 위험이 있기 때문에 놀이 용도로 사용하는 데 적합하지 않다. 다양한 종류의 용기가 있다면, 아이는 자신의 놀이 도구를 어디에 담을지 선택할 수 있을 뿐만 아니라, 작은 그릇에 담겨 있던 물건을 커다란 그릇에 넣으면 그릇이 가득 차지 않는다는 것을 발견한다. 반대로 커다란 그릇에 담겨 있던 물건을 작은 그릇에 넣으면 넘치며, 이것을 여러 개의 작은 그릇에 나누어 담을 수 있다는 사실을 발견하게 된다.

생후 18개월인 아이라면 무언가를 제대로 쌓기 시작한다고 생각되므로 쌓기놀이에 적합한 장난감을 준비해 둘 필요가 있다. 여러 가지 모양의 나무 블록을 모아 놓은 커다란 블록 상자가 그런 목적에 적합하지만, 이것을 혼자 가지고 놀면 위험할 수 있기 때문에 옆에서 지켜보아야 한다. 이 시기에는 대부분의 아이들이 크고 작은 원통 모양의 블록과 납작한 블록 등을 쌓아 올리기 시작하므로 놀이 도구 가운데 반드시 나무 블록 상자를 준비해 두어야 한다.

4. 이따금씩 발생하는 갈등을 해결하기 위한 몇 가지 방법

아이들이 가지고 놀 장난감이 양도 충분하고 아이들의 관심에 부합한다고 해도, 여러 명이 함께 놀다 보면, 특히 특정한 물건을 모으는 놀이를 하다 보면 때때로 서로 무언가를 빼앗는 일이 생겨난다. 이 경우 대부분은 아이 중 한 명이 다른 장난감을 통해 만족함으로써 갈등이 해결된다. 하지만 여전히 이 아이는 자신이 선호한 장난감이 너무 마음에 들기 때문에 다른 아이에게 빼앗긴 것을 모욕적으로 느끼고, 그것을 손에 넣지 못한 것을 실패라고 느낄 수도 있다.

장난감을 두고 갈등을 겪는 아이 중 한 명이 그 장난감을 그다지 중요하지 않게 여겨 기꺼이 친구에게 양보하는 경우도 있다. 하지만 아이들이 합의하지 못해서 서로 싸우는 일도 지속적으로 생겨난다.

이는 보육교사에게 쉽지 않은 상황이다. 보육교사는 공동으로 사용하는 장난감은 항상 가지고 놀고 있는 아이에게 우선권이 있다는 규칙을 명백하게 전달하고, 그렇기 때문에 그것을 돌려주어야 한다고 말해야 한다. 하지만 다른 한편 장난감을 빼앗아간 아이의 마음을 이해한다는 것도 전달해야 한다. 갖고 싶은 것을 포기하는 것이 갖고 있는 것을 빼앗기는 것보다 더 쉬운 일은 아니다. 보육교사가 그런 마음을 이해한다는 것을 아이에게 표현하려면, 아이가 갖고 싶어한 장난감과 똑같은 것이 어디에 있는지 알려주거나, 사정이 허락하는 대로 똑같은 장난감을 찾는 것을 도와주겠다고 약속한다. 이런 말이 아무런 소용이 없거나 잠시 틈을 낼 상황이라면, 아이가 갖고 싶어한 장난감이 어디에 있는지 보여주거나 가져다 줄 수도 있다. 하지만 이런 모든 것이 아무런 소용이 없어서 아무도 양보하지 않고 한 아이가 울거나 두 아이가 모두 울음을 터뜨리는 경우도 있다. 이럴 때는 장난감을 빼앗겨 마음의 상처를 입은 아이뿐만 아니라 있는 힘을 다했지만 갖고 싶었던 장난감을 얻지 못한 아이도 다정한 말과 위로와 이해가 필요하다. 후자에게는 아무리 갖고 싶은 장난감이 있더라도 친구가 가지고 노는 것을 빼앗아서는 안 된다고 말해 주어야 한다. 어느 누구도 힘을 사용하여 갖고 싶은 것을 손에 넣어서는 안 된다는 것이 규칙이다. 그러므로 보육교사도 아이가 빼앗아간 장난감을 아무 말도 하지 않고 빼앗는 것은 바람직하지 않다.

물론 보육교사는 이 규칙을 글자 그대로 말로 전달할 필요는 없다. 하지만 보육교사가 행동과 말로 일관성 있게 이 규칙을 아이들에게 전달해버릇하면, 아이들은 내키지 않아도 이 규칙을 지킬 수 있게 되리라고 믿어도 좋을 것이다.

지금까지 언급한 내용은 전체적으로 보아 한 아이가 모아 둔 장난감을 둘러싸고 생기는 갈등 상황에도 적용된다. 그런데 여기에 특별히 언급할 것이 있다. 많은 어른들이 장난감 하나를 빼앗긴 아이가 화를 내는 것은 정당하다고 여기는 반면, 여러 개를 모아 둔 것 중 하나를 빼앗기지 않으려고 하는 아이의 저항은 부당하다고 여긴다. 전자의 경우 어른들은 장난감을 빼앗긴 아이의 편에 서서 장난감을 빼앗기지 않도록 보호한다. 반면 후자의 경우 어른들은 모아 둔 것 중 하나를 빼앗기는 아이도 전자와 마찬가지로 마음이 아프다는 것을 이해하지 못한 채, 모아 둔 장난감을 다른 아이들과 나누어 가지고 놀도록 설득한다.

아이 두 명이 싸울 때 어른들은 보통 "사이 좋게 같이 놀아야지!"라고 말하는데, 이는 의도는 좋지만 효과가 없는 말이다. 가끔씩 두 아이가 장난감 여러 개를 번갈아 동일한 바구니 속에 집어넣으며 함께 즐거워하는 모습을 보이기도 한다. 하지만 이는 어른의 요청에 의한 것이 아니라 아이들이 자발적으로 하는 행동이다.

물론 아이는 함께 노는 친구가 모은 장난감 중 하나를 주겠느냐고 부탁할 수도 있으며, 보육교사가 그 아이의 부탁을 대신 전달할 수도 있다. 아니면 아이들에게 서로 갖고 있는 장난감을 맞바꿀 것을 제안할 수도 있으며, 두 아이 모두 수용할 수 있는 대안을 찾아서 제안할 수도 있다. 하지만 자신이 모아놓은 장난감 중 어느 하나도 다른 아이에게 내주기를 싫어하며 불안해하는 아이가 있다면, 우리는 이를 존중해 주어야 한다. 그러면서 한편으로는 다른 아이가 이런 상황을 이해하고 받아들일 수 있도록 도와주어야 한다. 모으기에 필요한 장난감의 수량을 적절하게 예상하여 충분한 숫자의 장난감을 준비한다면, 갈등의 원인이 된 물건을 다른 장난감으로 대체하여 상황을 평화롭게 해결할 수도 있다.

　한 아이가 많은 장난감을 모으는 데 그치지 않고 눈에 띄는 양동이나 작은 빗자루를 모두 모으려고 하는 경우에는 모든 아이들을 똑같이 만족시킬 해법을 찾기란 좀 더 어렵다. 이럴 때는 장난감을 여러 개 갖추더라도 아무 소용이 없으며, 간단하지 않은 상황이 되고 만다. 어떻게 하면 좋을까? 한 아이가 모든 바구니를 끌어모은 상태에서 다른 아이가 물건을 담아 두려고 그 바구니 하나를 갖고 싶어할 때, 우리는 그 아이에게 바구니 대신 움푹한 그릇을 줄 수 있다. 아이가 바구니 대신 움푹한 그릇을 받아들면, 두 아이 모두가 만족한 상태로 결말이 난다.

이와는 다른 상황이 있다. 그룹의 모든 아이들에게 각각 하나씩 주어지는 장난감이 있는데, 모으기를 좋아하는 아이가 다른 아이들이 그 장난감을 가지고 놀지 못하도록 필사적으로 방해하는 바람에 아이들이 다투게 되는 경우이다. 이런 경우 우리는 양동이, 빗자루, 커다란 인형 같은 것을 모두 차지하고 노는 것은 그것을 필요로 하는 아이가 아무도 없을 때만 가능하다는 것을 아이에게 이해시켜야 한다. 물론 그 아이가 이런 장난감 중 하나라도 포기하도록 만드는 것은 쉬운 일이 아니다. 하지만 차분하고 진지한 태도로 아이와 이야기하면서 언제, 어떤 장난감을 다른 아이에게 줄 것인지를 직접 결정하도록 맡겨 두고 기다리면, 얼마 지나지 않아 만 3세 정도가 되면 아이는 분명 우리의 중재가 없더라도 그렇게 할 수 있게 될 것이다.

우리의 경험에 의하면, 다른 아이들과 공유하지 않아도 되는 자신만의 장난감을 가지고 있는 경우 아이들은 공동의 장난감에 대해서는 상대적으로 그다지 심하게 다투지 않는다.

5. 놀이 상황의 관찰

생후 18개월인 리비아가 플라스틱 컵 두 개 가운데 하나를 집어 든다. 하나는 작고 초록색이며, 다른 하나는 크기가 두 배 정도 크고 빨간색이다. 리비아는 작은 초록 컵을 들고 거리낌없이 빨간 컵 속에 집어넣었다가 다시 빼낸다. 그리고 이번에는 초록 컵을 거꾸로 바닥에 놓고 빨간 컵으로 덮어씌운다. 그러고 나서 다시 빨간 컵을 집어 바닥에 거꾸로 놓고는 그 위에 초록 컵을 올려 놓는다. 리비아는 컵 두 개를 모두 거꾸로 들고 작은 컵을 큰 컵 속에 집어넣는다. 그 다음에는 두 개의 컵을 나란히 세워 둔다.

리비아는 잠시 멈추고는 등을 바닥에 대고 누워 주위를 둘러본다. 그런 다음 몸을 일으켜 앉아서 컵 두 개를 모두 손에 들고 하나씩 차례대로 격자 모양의 놀이 울타리 사이로 던졌다가 주워 온다. 리비아는 큰 컵으로 작은 컵을 덮어서 작은 컵이 보이지 않게 만든다. 그러고는 몸을 앞으로 깊이 숙인 채 작은 컵을 덮고 있는 큰 컵을 천천히 들어올리면서 작은 초록 컵이 다시 드러나는 모습을 관찰한다. 이제 리비아는 빨간 색 큰 컵으로 작은 컵을 덮었다가 들어올리는 과정을 반복하여 작은 초록 컵이 여덟 번 사라졌다가 다시 나타나게 만든다.

리비아는 다시 한 번 쉰다. 이번에는 초록 컵을 손에 든 채로 쉰다. 그러고 나서 빨간 컵을 집어 들고는 컵 두 개를 바닥에 놓는다. 처음에는 큰 컵 위에 작은 컵을 올려놓더니, 다음에는 큰 컵 속에 작은 컵을 집어넣고 흔들어서 작은 컵이 바닥으로 떨어지게 한다. 리비아는 이 과정을 세 번 반복한다. 그러고 나서 작은 컵을 하나 더 찾아내고는, 큰 컵 속에 작은 컵 두 개를 집어넣고 흔들어서 두 개 모두 바닥으로 떨어질 때까지 큰 컵을 흔든다. 이 과정 또한 여러 번 반복한다.

리비아가 이렇게 노는 동안 5분이 흘렀다. 그 동안 리비아는 내내 즐겁고 흥미로운 표정이었다.

페터, 생후 10개월

제3장

쌓기의 시작,
쌓기에 적합한
놀이 도구

✿ 만 1세 정도가 되면 아이는 훗날의 물건을 쌓아 올리는 놀이와 비슷한 방법으로 여러 가지 물건을 가지고 놀기 시작한다. 어떤 물건 위에 무언가를 "올려놓고"[3], 똑바로 세우고, 순서나 그룹별로 배열하고, 여러 개의 물건을 나란히 겹쳐서 집어넣거나 쌓아 올리는 것은 나중에 실제로 물건을 쌓아 올리는 놀이에서 하는 것과 같은 행동이다.

---

3 원문에 사용된 단어인 헝가리어 'rátenni'는 단순히 '세워 두다, 놓다'가 아니라 '무언가의 위에 세워 두다, 무언가의 위에 놓다'를 의미한다.

어떤 물건 위에 무언가를 "올려놓기":

시기의 차이는 있지만, 영아는 어떤 사물을 손에서 놓으면 다른 것 위에 얹혀 그대로 있게 된다는 사실을 자연스럽게 발견한다.

아이는 겉으로 보기에는 간단한 이 과정을 다양한 방법으로 변형시킨다. 왜냐하면 아이는 바탕이 되는 물건의 성질이 어떠해야 특정한 물건을 올려놓기에 좋은지 알아내야 하기 때문이다. 표면이 평평한 상자 위에는 크고 작은 물건을 모두 상대적으로 쉽게 올려놓을 수 있다는 것처럼 말이다. 같은 물건을 푹신푹신한 쿠션 위에 올려놓는다면 상황은 다르다. 푹신푹신하고 평평하지 않은 표면으로 인해 무언가를 그 위에 올려놓으려던 아이의 계획은 상당히 어려워진다. 난방장치의 격자 덮개 위에 무언가를 세우려면 좀 더 노련한 손놀림이 필요하다. 아이가 어떤 것 "위에 올려놓고" 싶어하는 장난감의 모양, 부피, 무게에 따라서도 아이가 수행해야 할 과제는 달라진다. 동그란 물건을 평평하지 않은 접촉면 위에 놓아두거나 세우는 것은 평평한 접촉면 위보다 더 어렵다.

아이들은 다양한 방법을 시험하는 일에 능숙하다. 놀이 울타리 가장자리에 수건이나 컵을 올려 두려면 손을 어떻게 움직여야 하는지, 상자 가장자리에서 어떤 부분에 공을 올려놓으면 아래로 떨어지지 않는지를 다양한 시도를 통해 알아낸다. 실패와 성공을 거듭함으로써 어떤 능숙한 손놀림을 하면 물건을 다른 물건 위에 손쉽게 "올려놓을" 수 있는지 배워 나간다.

앞에서 기술한 놀이 유형에는 물건을 내려놓는 행위도 포함된다. 이 또한 아이들에게는 그다지 쉬운 과제가 아니다. 예를 들어 뒤집어 놓은 대접에 얹힌 플라스틱 병 하나를 내리는 데도, 조심스럽게 내리거나 떨어뜨리거나 내동댕이치는 등 갖가지 시도를 하게 된다.

여러 물건을 똑같은 것 위에 번갈아 놓는 것도 아이들에게는 흥미로운 일이다. 뒤집어 놓은 바구니 위에 수건, 구슬, 거름망 등을 올려둘 때 각기 달라지는 모습에 아이들은 흥미를 느낀다. 이 유형의 놀이를 할 때 바닥으로 사용되는 커다란 상자, 뒤집어 놓은 대접, 선반 등은 별도로 준비해야 할 물건이 아니라, 아이들의 일상에 필요한 놀이 도구나 설비들이다.

길쭉한 물건 세우기:

만 1세 정도가 되어 플라스틱 볼링핀, 기다란 플라스틱 병, 컵, 실패 등을 가지고 놀다 보면 아이는 폭이 좁고 긴 물건은 똑바로 세워둘 수가 있다는 사실을 발견한다. 이를 반복적으로 시도하는 동안 아이는 상대적으로 좁은 접촉면 위에 폭이 좁고 긴 물건을 세우기 위해서는 물건을 어떻게 잡고 놓아야 하는지 터득한다. 이런 시도의 성공 여부는 여러 가지 요소에 달려있다. 왜냐하면 이는 물건의 모양과 크기, 재료, 무게만 아니라 아이의 자세에도 영향을 받기 때문이다.

폭이 좁고 긴 물건들을 반복적으로 똑바로 세우는 동안 아이는 다른 수많은 놀이를 할 때와 마찬가지로 반복적인 행동을 즐긴다. 아이는 똑바로 세워져 있는 캔을 밀어내거나 아래로 떨어뜨리면서 자신의 행동으로 벌어지는 일을 관찰한다. 캔이 멀리 굴러가는지, 어떤 소리가 나는지, 어디에서 어떻게 멈춰 서는지를 관찰한다. 그러고 나서 아이는 이 모든 과정을 처음부터 다시 시작한다.

이런 놀이를 할 때 처음에는 앞에서 언급한 물건 중 종류가 다른 두세 개만 있으면 충분하다. 여러 명의 아이가 이 놀이를 하려고 할 때는 한 종류의 물건을 아이들 수만큼 준비해 두어야 한다.

순서나 그룹별로 배열하기:

연령이 비슷한 아이들이라도 관심을 보이는 놀이는 제각기 다르다. 이와 관련하여 아이가 어떤 방법으로 물건들을 순서나 그룹별로 배열하는지를 반복적으로 관찰하는 것은 중요한 일이다. 처음에는 두세 개의 사물을 아무런 의도 없이 놓아두다가, 시간이 가면서 점점 우연보다는 일정한 규칙에 따라 놓아둔다. 물건 여러 개를 서로 가까이 두거나, 어느 것을 다른 것 옆에 둔다. 아이는 이런 방법으로 서로 다른 물건뿐 아니라 같은 물건들도 나란히 두는데, 모양이 같은 물건의 경우에는 색깔이 다른 것들을 특히 선호한다.

이런 놀이에 아이들이 방해받지 않고 집중하려면 자리가 아주 넓어야 하고, 다양한 물건이 여러 벌 마련되어 있어야 한다. 아이들이 더 이상 가지고 놀지 않는 물건은 보육교사가 아이들을 방해하지 않는 범위 내에서 원래 자리에 정돈하는데, 이는 아이들이 이와 같은 행동을 하길 바라며 보여주려는 것이 아니다. 우리는 아이들이 다양한 물건을 움푹한 대접 안에 집어넣거나, 반복적으로 똑바로 세우거나, 역할놀이에 사용하면서 원하는 방식으로 놀도록 놔둔다.

나란히 겹쳐서 집어넣거나 쌓아 올리기:

크기가 같고 원뿔 모양인 컵과 모래 양동이, 속이 빈 그릇을 여러 개 가지고 놀다 보면 아이는 다양한 사물을 다루는 새로운 방법을 발견한다. 아이는 이렇게 속이 비어있고 크기가 같은 물건을 여러 개 나란히 겹쳐서 집어넣거나 쌓아 올리는 가운데 탑 쌓기를 시작한다. 이

때 아이는 각 물건의 뚫린 부분을 바닥을 향하게 하거나 위쪽을 향하게 하며 가지고 논다. 이 물건들이 색이 여러 가지라면, 아이는 동일한 컵을 가장 밑에, 혹은 가장 위에, 또는 가운데에 두는 방법으로 매번 다른 조합을 만들 수 있다. 때때로 아이는 바닥에 놓여 있는 여러 개의 컵을 수평 방향으로 나란히 겹쳐서 집어넣어 보기도 한다.

여러 개의 컵을 성공적으로 나란히 겹쳐서 집어넣기까지는 보통 수많은 시도가 선행된다. 예를 들어 모양과 크기가 서로 다른 물건들로 갖가지 시도를 해보는 것이다. 이런 과정을 통해 아이는 모양과 부피에 대한 기본적인 사항과 물건들 사이의 공통점이나 차이점을 배운다. 나란히 겹쳐지는 물건과 나란히 겹쳐지지 않는 물건을 경험하면서 아이는 어떤 물건을 보기만 해도 그것이 나란히 겹쳐서 집어넣을 수 있는 것인지 알 수 있게 된다.

이제 아이는 점점 많은 물건을 나란히 겹쳐서 넣는다. 이미 언급한 것처럼 처음에는 이런 행위를 반복하는 것 자체를 즐긴다. 아이는 여러 개의 물건을 나란히 겹쳐서 집어넣은 후에 자신이 만든 작품을 해체하고, 또다시 나란히 겹쳐서 집어넣는다. 하지만 시간이 지나면 자신의 행위가 초래한 결과가 아이에게 중요해진다. 그렇게 되면 아이는 자신이 만든 작품을 즉시 해체하지 않고 기쁜 얼굴로 들여다본다.

일반적으로 이 연령의 아이들은 아직 우리가 자신의 "작품"을 보존해 두기를 기대하지는 않는다. 그러기에는 가지고 놀 수 있는 장난감이 부족하기도 하다. 일단 다른 놀이에 관심을 가지게 되면, 아이는 자신이 조금 전에 몇 개의 컵을 나란히 겹쳐서 집어넣었는지도 기억하지 못한다. 따라서 다른 아이가 자신이 겹쳐서 집어넣은 컵을 가지고 놀아도 상관하지 않는다. 때로는 자신이 겹쳐서 집어넣은 컵이나 양동이를 자발적으로 친구에게 건네주기도 한다.

이 놀이를 할 때는 놀이 도구가 충분하더라도 그것들을 자꾸 겹쳐 넣기만 하면 놀잇감이 "사라져 버리기" 때문에, 보육교사는 아이들이 집어 넣고 사용하지 않는 도구들을 가끔씩 해체해 주는 것이 중요하다.

다른 아이들에게 방해가 될 정도로 한 아이가 겹쳐 넣기 놀이에 푹 빠져있다면, 아이들을 보호하는 차원에서 상황을 처리하는 보육교사의 능력이 중요해진다. 각 아이에게 움푹한 대접 하나와 여러 개의 컵이 주어졌는데, 그 중 한 아이가 "자신의 것"뿐만 아니라 다른 아이들의 것까지 가지고 놀고 싶어하는 경우가 그럴 것이다. 이때 보육교사는 "조금 있다가 어느 친구라도 다른 장난감을 가지고 놀면 그 아이 것을 가지고 놀아도 되니 그때까지 기다리자." 하고 말하는 것이 바람직하다. 이보다 좋은 방법이 있다. "다른 아이들을 방해하는" 그 아이가 갖고 싶어하는 비슷한 놀잇감이 여분으로 옆에 있으면 보육교사가 그것을 가르쳐주는 것이다.

이런 놀이 방법에 쓰이는 것 중 잘 알려진 속이 빈 블록, 컵, 대접처럼 모양이 같고 크기가 조금씩 다른 것들이 한 세트를 이루는 장난감에 대해서 별도로 언급할 내용이 있다. 아이들은 그런 장난감 세트를 가지고 노는 것도 좋아한다. 아이들은 하나를 다른 하나 위에 올려놓거나 작은 것을 큰 것 안으로 집어넣고, 여러 개를 나란히 겹쳐서 집어넣기도 한다. 하지만 이 연령의 아이들은 물론이고 이보다 연령이 높은 아이들도 아직은 이런 장난감 세트를 크기에 따라 정확히 배열할 능력이 없다. 그렇게 하는 것은 크기가 같은 원추형 물건들을 겹쳐서 집어넣는 것보다 근본적으로 훨씬 어려운 과제이기 때문이다.

쌓기놀이의 초기 형태, 즉 어떤 물건 위에 무언가를 "올려놓기", 폭이 좁고 긴 물건을 똑바로 세우기, 다양한 물건을 순서나 그룹별로 배열하기, 속이 빈 물건들을 겹쳐서 집어넣거나 쌓아올리기 등은 당연히 아이의 주변에 이에 적당한 물건들이 있을 때만 할 수 있는 놀이이다. 이 중 어떤 놀이 방법을 아이가 가장 먼저 발견하고 어떤 방법을 그 다음에 실행하는지는 아이에 따라 완전히 달라진다. 어떤 놀이를 특히 좋아하고 자주 반복하는지도 아이마다 다르다.

이 놀이 방법은 만 3세를 마치기 전 아이들에게서 특히 특징적으로 나타난다. 하지만 이 시기를 지나 좀 더 성숙해진 아이들이 때때로 자신에게 익숙한 이전의 방법으로 쌓기를 하는 경우도 있으며, 이보다 발전된 형태의 놀이에 이 놀이 방법을 끼워넣는 경우도 있다. 볼링핀 모양의 장난감을 일렬로 배열하면서, "이건 울타리야." 하고 말하는 경우가 그렇다.

극히 다양한 형태로 나타나는 아이들의 놀이 욕구와 그 발달 양상을 세심하게 관찰하고 지원하는 보육교사라면 쌓기놀이에 필요한 환경을 만들어 줄 적절한 시기를 알아내게 될 것이다.

페렌츠, 생후 20개월

✿ ✿ ✿

"최근 들어 영아를 '지나치게 오랫동안' 혼자서 자유롭게 놀도록 놔두는 것은 영아의 발달을 저해하는 결과를 초래할 수도 있다는 주장이 늘고 있다. 반면 우리는 보육교사의 지도가 없는 가운데(가정에서는 옆에서 지켜보는 어른이 없는 가운데) 아이가 자유롭게 독립적으로 노는 것이 아이의 발달에 중요한 토대가 된다고 생각한다. 우리는 이를 "영아 발달 대학"이라고 부르고 싶다. 물론 이에 필요한 외적 조건이 지속적으로 충족되고, 아이가 어른의 개입 없이도 적극적으로 활발하게 놀이를 하는 경우에 그렇다는 것이다. 이를 위해서는 아이를 돌보는 어른과 아이 사이에 원만한 관계가 형성되어 있어야 하며, 어른이 지켜보지 않더라도 아이가 안정감을 느낀다는 전제조건이 충족되어야 한다.

영아보육시설("크리페")에서 이런 자유놀이가 가능하도록 만들고, 각 그룹 내에서 아이들이 자유놀이를 할 수 있는 편안하고 안정된 환경을 마련하는 것은 쉽지 않은 과제이다.

하지만 이는 노력을 기울여 볼 만한 가치가 있는 일이다!"

엠미 피클러Emmi Pikler

출처: 《나에게 시간을 주세요》

발행인의 몇 가지 견해

☆ **1. 본문에서 언급하는 연령에 관하여**

엠미 피클러가 관찰한 대근육 운동 발달에서는 연령에 따른 격차가 현저하지만, 소근육 운동 발달의 경우에는 그 격차가 그 정도로 심하지는 않다. 따라서 아이의 자세와 움직이는 방법보다는 아이가 놀이를 하는 유형과 방식이 실제 나이를 식별하는 기준으로는 더 낫다.[4]

2. 가정의 놀이 울타리 설치에 관하여

가정의 경우 일반적인 놀이 울타리(자녀당1.2m × 1.2m)를 아이가 구르거나 배밀이를 시작하는 시점까지만 사용하는 것이 바람직하다. 이 시점부터는 아이가 그보다 더 넓은 공간을 필요로 하기 때문이다. 또

---

4 안나 터르도시Anna Tardos와 미리암 다비드Myriam David는 프랑스 저널 〈Devenir〉("발달") (1991, 제3편, 제4권)에 게재된 논문 "영아의 자아 발달에서 자유로운 활동의 가치"에서 이 사실을 언급하고 있다.

한 모든 놀이 도구를 놀이 울타리 안에 두면, 아이가 손만 뻗치면 닿게 되어 별도로 몸을 움직일 동기부여가 되지 않는다.

하지만 영아가 놀이에 집중할 수 있도록 방의 일부에 2m × 2m 또는 2m × 3m 정도로 놀이 울타리를 설치하여 동생을 인형처럼 데리고 놀고 싶어하는 형제자매로부터 아기를 보호하는 것도 의미 있는 일이다. 이렇게 놀이 울타리를 통해 공간을 분리하는 것은 영아가 나이 많은 아이들이 만든 작품이나 아끼는 물건을 망치는 것을 막는 역할도 한다. 또한 놀이 울타리를 마음대로 넘나들 수 있는 형제자매에게 울타리 안쪽 공간을 놀이터로 삼아 놀게 하고, 울타리 밖에서는 어린 동생이 마음껏 기어 다니며 놀게 하는 것도 한 가지 방법이다. 이 밖에도 충분한 공간이 확보된다면 울타리는 아기가 자유롭게 움직일 수 있는 실질적인 공간을 제공할 뿐만 아니라 마음 편하고 안락한 세상을 만들어 주기도 한다.

놀이 울타리 안이나 아이 방에 깔려 있는 목재 바닥은 영아 보육을 위한 엠미 피클러의 지침에 부합된다. 그것은 바로 "큰 위험으로부터 보호하고, 작은 위험을 알게 한다"는 원칙이다.

엠미 피클러는 아이들이 마음껏 움직일 수 있는 전제조건을 언급하면서, "우리 어른들도 매트리스 위에서 춤추기보다는 원목이 깔린 마루바닥에서 춤추고 싶어한다."라고 말하기도 했다.

우리는 놀이 울타리와 연결되어 있는 목재 바닥에 면으로 된 천을 팽팽하게 잡아당겨 깔아 놓는 것이 영아들에게 적절하다고 생각한다. 이렇게 하면, 양말을 신은 영아가 미끄러운 목재 바닥 위에서 몸을 움직이다가 미끄러지는 것을 방지할 수 있다. 또한 피부에 습기가 있는 여름에 면으로 된 천을 깔아 두면, 영아가 쉽게 움직일 수 있다. 그리고 바닥을 기어 다니기 시작하기 전에는 아기가 목재 바닥의 강도와 미끄러운 성질을 알게 되는 편이 바람직하다. 또한 목재 바닥은 청결하게 관리하기도 쉽다.

생후 3, 4개월이 된 아기에게 처음으로 장난감을 주어 놀이 울타리 안에서 놀게 하다가 배밀이를 하거나 기어 다니는 아기에게 방 한쪽에 울타리로 경계를 지어 안전한 장소를 제공한다면, 영아의 놀이 공간은 운동 능력의 발달과 함께 넓어지게 되며, 놀이 울타리는 처음부터 아기에게 익숙한 공간이 된다. "울타리는 감옥과 마찬가지다!"라는 것은 어른들의 생각일 뿐, 아기들은 그런 인상을 받지 않는다. 반면에 영아를 위한 바운서는 아기가 항상 엄마 곁에서 엄마를 바라볼 수 있게 하지만, 움직임을 제약하는 까닭에 실제로는 감옥과 마찬가지이다. 바운서에 앉혀진 아기는 장난감이 땅에 떨어져도 스스로 주워 올릴 수 없고, 이런 바운서야 말로 아기의 독립적이며 자유로운 놀이를 방해하며 아기를 어른에게 종속적인 존재로 만든다.

또한 스스로 몸을 뒤집지 못하는 아기를 방 한가운데에 담요를 깔고 덩그러니 눕혀 두는 경우에는 한없이 크게 느껴지는 공간으로 인해 아기가 당황하고 불안해할 수 있고, 그렇지 않더라도 편안함을 느끼지는 못할 수도 있다. 이는 우리 어른들이 넓은 기차역보다는 "아담한 우리 집"에서 편안함을 느끼는 것과 마찬가지이다. 카페나 레스토랑을 가더라도 어른들은 홀 한가운데보다는 칸막이가 있는 작은 공간에서 더 편안해 한다.

엠미 피클러는 앞에서 기술한 상황 속에 있는 아기들이 제한된 공간에 있는 아기들보다 몸을 덜 움직이고 덜 적극적으로 논다고 언급한 바 있다.

3. 정리하기에 관하여

가정에서도 부모와 자녀 사이에서 일어날 수 있는 갈등 상황 중 하나는 놀잇감 정리를 둘러싼 것이다.

이런 갈등에 관해서는 어른들이 날마다 기꺼이 정리할 만큼의 장난감만 나와 있도록 하는 것이 경험상 바람직하다. 아이가 정리에 관한 상황을 이해할만한 시기가 되면, 아이와 대화를 나눔으로써 갈등 상황을 방지할 수 있다. "이 중에서 너한테 지금 어떤 장난감이 더 중요하니? 어떤 걸 잠시 정리함 속에 넣어둘까?" 하고 아이에게 물어본다면, 아이의 자발적 참여를 존중하는 일이 될 것이다. 겨울에는 여름과 다른 장난감을 내놓고, 일요일이나 휴일이 되면 특별한 장난감을 내놓고, 아이가 아플 때에 가지고 놀기에 적합한 장난감을 따로 준비하는 것도 방법이 될 것이다.

아직 정리를 할 정도로 성숙하지 않은 아이에게 정리를 요구하는 것은 자제하는 편이 좋다. 아이는 학교에 입학할 연령이 될 때 비로소 의무가 무엇인지 이해하게 된다. 아이들의 사회성 발달에 관한 엠미 피클러의 원칙은 과제나 의무가 아니라 "기쁜 마음에서 우러나는 자발성"이다. 따라서 "너는 …을 해야 한다." 혹은 "우선 …을 하고 나면 …을 할 수 있다"는 압력을 아이들에게 주지 않겠다는 것이 우리의 근본적인 출발점이다. 우리 어른들이 온전히 자발적으로 정리를 시작하고, 아이들에게는 아무것도 기대하지 않으면서 오로지 아이들의 참여를 반기기만 한다면, 아이들은 장난감 정리에 참여한다는 만족감과 기쁨을 체험하게 될 것이다.

학교에 들어가기 전에 혼자서 모든 장난감을 정리하도록 강요받지 않은 아이는 학교에 들어간 후에는 장난감을 정리하는 것에 대해 상대적으로 자발적인 자세를 보이게 된다.

✿ 참고문헌

- 모니카 알뤼, 《생후 1년 동안의 내 아기. 조산아, 발달이 지연되거나 장애가 있거나 다른 아이들과 다를까? 조산아를 자녀로 둔 부모를 위한 해답》. 하이델베르크 : 슈프링어 출판사, 2002년

- 모니카 알뤼, 괴츠 알뤼, 모린트 투틀러, 《머릿속 교정하기. 치료와 일상 사이에 낀 장애아》. 뒤셀도르프 : 자기결정적 삶을 사는 출판사, 2005년

- 미리암 다비드, 주느비에브 아펠, 《"로치". 엄마가 없는 상황에서의 모성애적 보육》. 뮌헨 : 페차이틀러 출판사, 1995년

- 유디트 팔크, 《영아, 영아의 부모, 소아과 의사》. 뮌헨 : 페 차이틀러 출판사, 2000년

- 마그다 게르버, 앨리슨 존스, 《삶을 향한 멋진 출발, 아이와 처음 보내는 시간을 위한 지침서》. 엠멘딩엔 : 아이와 함께 자라는 출판사, 2002년

- 엘프리데 헹스텐베르크, 《아이들과 함께 보낸 경험에서 나온 이야기, 사진, 그리고 제안》. 발행인 : 우테 슈트룹, 프라이부르크 : 아르보르 출판사, 2005년 제4쇄 인쇄

- 에바 칼로, 《아이들에게 그들의 개인적인 이야기를 어떻게 이야기해야 할까?》. 뮌헨 : 페 차이틀러 출판사, 1994년

- 엠미 피클러, 《평화로운 아기들, 만족스러운 엄마들, 소아과 의사가 저술한 교육 관련 지침서》. 프라이부르크 : 헤르더 출판사, 2008년 제17쇄 인쇄

- 엠미 피클러, 《나에게 시간을 주세요. 걷기까지 아이의 독자적인 움직임 발달》. 뮌헨 : 플라우멘 출판사, 2006년 제3쇄 인쇄

- 엠미 피클러, 유디트 팔케, 안나 터르도시 등, 《서로 친숙해지기. 영아 보육에 관한 생각과 경험》. 프라이부르크 : 헤르더 출판사, 2006년 제7쇄 인쇄

- 마리아 빈체, 《모성애적 사랑, 전문가적 사랑》. 뮌헨 : 페 차이틀러 출판사, 2002년

✱ 베를린 피클러 협회 총서

- 마리안 라이스만, 《여러 유형의 관계. 안나 터르도시의 설명이 담긴 사진집》, 베를린, 1991년
- 마리아 빈체, 《혼자서 식사하기까지 발달 단계》, 아니타 드리스의 논문이 게재된 출판물, 베를린, 2005년 제2쇄 인쇄
- 에바 칼로, 지요르기 벌로그, 《자유놀이의 시작》, 마리안 라이스만의 사진이 실려있는 출판물, 발행인 : 우테 슈트룹, 앙케 친저, 베를린, 2008년 제4쇄 인쇄
- 《다운신드롬을 가지고 태어난 유아》, 베를린 피클러 협회 심포지엄 발표 논문, 레나테 볼프, 모니카 알뤼 등의 논문이 실려있는 출판물, 베를린, 2001년
- 마르게트 폰 알뵈르덴, 마리 비제, 《영아를 위한 환경 준비하기》, 가정과 보육기관 어린이집을 위한 핸드북, 베를린, 2004년 제2쇄 인쇄
- 우테 슈트룹, 안나 터르도시 발행, 《아기와 대화하기. 아기는 우리에게 말을 건다》, 베를린, 2006년 (박성원 옮김, 한국인지학출판사, 2022년)
- 유디트 팔케, 모니카 알리, 《관찰하고, 이해하고, 동행하기. 피클러 협회의 방식으로 생후2년간 아이의 발달상황을 진단하기》, 라이스만의 사진이 게재되어 있는 출판물, 베를린, 2006년
- 안나 터르도시, 아냐 베르너 편저, 《나, 너 그리고 우리. 가정과 어린이집에서 사회성 기르기》, 베를린, 2015년 (박성원 옮김, 한국인지학출판사 2022년)
- 모니카 알뤼 외, 《아기는 놀이에서 배운다》, 베를린, 2019년 (이정희 옮김, 한국인지학출판사 2019년)

* 베를린 피클러 협회의 출판물은 이메일(gudrun.zoellner@web.de)을 통해 직접 구입하거나 서점에서 구입하실 수 있습니다.